21世纪经济管理新形态教材·电子商务系列

跨境电子商务
精选案例分析与实践指引

郑素静　陈　慧　余浩然 ◎ 编

清华大学出版社

北　京

内 容 简 介

本书通过跨境电子商务运营管理风险、跨境电子商务不确定性因素风险、跨境电子商务平台选择、跨境电子商务品牌营销和跨境电子商务客户服务5个项目阐述结算、物流、知识产权侵权、国家关系变动、电子商务政策变动、平台选择策略、营销策略和客户服务等案例内容。

本书的每一个案例都由案例介绍、启发性思考题、案例指引构成，部分案例提供案例指引嵌入知识和案例启示。

本书既可作为各类院校跨境电子商务专业的教材，也可作为跨境电子商务从业者或爱好者的参考资料。

本书封面贴有清华大学出版社防伪标签，无标签者不得销售。
版权所有，侵权必究。举报：010-62782989，beiqinquan@tup.tsinghua.edu.cn。

图书在版编目（CIP）数据

跨境电子商务精选案例分析与实践指引 / 郑素静，陈慧，余浩然编. —北京：清华大学出版社，2024.9
21世纪经济管理新形态教材. 电子商务系列
ISBN 978-7-302-66148-1

Ⅰ.①跨…　Ⅱ.①郑…②陈…③余…　Ⅲ.①电子商务—案例—教材　Ⅳ.①F713.36

中国国家版本馆CIP数据核字（2024）第086235号

责任编辑：徐永杰
封面设计：汉风唐韵
责任校对：王荣静
责任印制：宋　林

出版发行：清华大学出版社
网　　址：https://www.tup.com.cn，https://www.wqxuetang.com
地　　址：北京清华大学学研大厦A座　　邮　编：100084
社 总 机：010-83470000　　邮　购：010-62786544
投稿与读者服务：010-62776969，c-service@tup.tsinghua.edu.cn
质 量 反 馈：010-62772015，zhiliang@tup.tsinghua.edu.cn

印 装 者：北京嘉实印刷有限公司
经　　销：全国新华书店
开　　本：185mm×260mm　　印　张：9.25　　字　数：172千字
版　　次：2024年9月第1版　　印　次：2024年9月第1次印刷
定　　价：49.80元

产品编号：087874-01

前　言

在数字经济时代，人工智能、云计算、大数据等数字技术的成熟及运用极大地推动了社会经济各环节的深刻变革。作为数字经济的重要组成部分，跨境电子商务快速崛起，突破了时间和空间的限制，满足了消费者日趋个性化的购物需求，以其独有的优势推动着国际贸易形态的急速转型和经济结构的调整。在过去的10年里，中国跨境电子商务经历了迅速发展的阶段，为原本难以直接参与国际分工的中小企业开辟了全新的参与国际市场的路径，在订单日益碎片化的趋势下，我国跨境电子商务正在成为引领我国对外贸易和社会发展不可或缺的中坚力量。随着《中华人民共和国电子商务法》的正式实施以及跨境电子商务综合试验区的不断增设，我国跨境电子商务在国家相关政策红利的持续扶持下，体现出了巨大的发展潜力。

想要适应跨境电子商务发展的新形势、解决日益突出的跨境电子商务人才缺口问题，就迫切需要培育跨境电子商务企业所需要的专门人才。《跨境电子商务精选案例分析与实践指引》编写组在综合分析"跨境电子商务"课程现有教材与行业发展需求之间差距的基础上，与湖北楚马教育咨询有限公司通力合作编写了本书，并在书中较为系统、完整地介绍了跨境电子商务活动中涉及的营销、品牌树立、客服沟通及风险规避等内容。本书有助于学生巩固跨境电子商务的基本知识，提高其实际运用相关理论的能力。本书选编的案例，部分来自合作企业提供的第一手真实资料，部分来自目前全球范围内较为典型的跨境电子商务企业的资料。本书在内容和知识点安排上，与跨境电子商务相关课程的知识结构体系紧密结合，基本保持同步。我们希望本书能有效地配合跨境电子商务有关课程的教学，提高学生分析和处理跨境电子商务经营过程中遇到的实际问题的能力。

本书采取项目式编写方法进行相关案例资料的整合，在每个项目中又根据具体知识点分别列出若干任务模块。每个模块选取几个典型案例进行具体分析，以引导学生进行讨论和深入思考。本书适合作为跨境电子商务课程的教材使用，同时也可作为岗位培训教材和参考读物使用。

  本书的编写分工如下：郑素静编写项目 1~项目 4，陈慧编写项目 5，余浩然负责编写各项目中的企业案例，并对本书的编写结构和内容进行审校。

  编写本书是我们在教学研究中的一项新的尝试和探索，在案例编写体系和结构安排上难免存在疏漏和不妥之处，恳请各位同仁和读者批评指正。

  在本书编写过程中，编者所参阅的文献除了在参考文献中罗列出的之外，还有大量相关的分析报告和网络资料。在此向有关作者表示衷心的感谢。

编者
2024 年 6 月

目 录

项目 1 跨境电子商务运营管理风险 ·· 1

    学习目标 ·· 1
    能力目标 ·· 1
    思政目标 ·· 2
    观念更新 ·· 2
    基本教学组织方式 ·· 2
        案例 1-1   后 T/T 风险 ·· 3
        案例 1-2   信用证软条款 ·· 7
        案例 1-3   PayPal 账户遭到冻结 ······································ 13
        案例 1-4   物流风险控制 ·· 18
        案例 1-5   海外仓前程货物海运风险 ································ 22
        案例 1-6   跨境电子商务知识产权侵权案件高发 ················ 26
        案例 1-7   遭遇钓鱼执法该如何应对？ ···························· 33
    案例练习 ··· 38
    参考文献 ··· 41

项目 2 跨境电子商务不可抗力因素风险 ·· 42

    学习目标 ··· 42
    能力目标 ··· 42
    思政目标 ··· 43
    观念更新 ··· 43
    基本教学组织方式 ·· 43
        案例 2-1   电子商务征税"改写"零售新格局，
                      对中国卖家有什么影响？ ································ 43

案例 2-2　中美贸易争端对跨境电子商务的影响 ………………………… 49
　　案例 2-3　黑天鹅事件爆发，跨境电子商务迎来"生死"大考 ……………… 55
案例练习 ………………………………………………………………………… 57
参考文献 ………………………………………………………………………… 58

项目 3　跨境电子商务平台选择 ………………………………………… 59

学习目标 ………………………………………………………………………… 59
能力目标 ………………………………………………………………………… 59
思政目标 ………………………………………………………………………… 60
观念更新 ………………………………………………………………………… 60
基本教学组织方式 ……………………………………………………………… 60
　　案例 3-1　虾皮：现在进驻虾皮，是否为时已晚？………………………… 61
　　案例 3-2　Souq 及一个时代的终结 ………………………………………… 65
案例练习 ………………………………………………………………………… 72
参考文献 ………………………………………………………………………… 74

项目 4　跨境电子商务品牌营销 ………………………………………… 76

学习目标 ………………………………………………………………………… 76
能力目标 ………………………………………………………………………… 76
思政目标 ………………………………………………………………………… 77
观念更新 ………………………………………………………………………… 77
基本教学组织方式 ……………………………………………………………… 77
　　案例 4-1　PUPPYOO 小狗电器的品牌经营之路 ………………………… 77
　　案例 4-2　Simplee：类目 TOP BRAND 的发展之路 …………………… 81
　　案例 4-3　Ever Pretty：站外营销 ………………………………………… 84
　　案例 4-4　办公室小野出海，野蛮生长狂捞金 …………………………… 88
　　案例 4-5　营销过程中如何甄别网红？…………………………………… 92
　　案例 4-6　Shein：领先平台的发展步伐 ………………………………… 100
案例练习 ………………………………………………………………………… 104
参考文献 ………………………………………………………………………… 108

项目 5　跨境电子商务客户服务 ·· 109

学习目标 ··· 109
能力目标 ··· 109
思政目标 ··· 110
基本教学组织方式 ·· 110

- 案例 5-1　魅绅：如何处理好每一个询盘 ································ 111
- 案例 5-2　富浩源：产品报价中的学问 ···································· 119
- 案例 5-3　爱尔兰最大零售电子商务平台 Click.ie
  在社交网站上被围攻 ·· 125
- 案例 5-4　基于 UNIBARNS TRADING INC 的跨境电子商务
  售后问题分析 ··· 132

案例练习 ··· 136
参考文献 ··· 137

项目 1
跨境电子商务运营管理风险

学习目标

1. 跨境电子商务支付风险防控。
2. 跨境电子商务物流海运、空运风险防控。
3. 知识产权侵权风险防控。

能力目标

1. 逐步培养起关于跨境电子商务交易的风险危机意识。
2. 通过对交易风险的正确认识和辨析,掌握应对跨境电子商务风险的技能。
3. 在对交易风险的认识和分析能力提高的基础上,最终掌握防范跨境电子商务风险的技能。

思政目标

1. 培养学生的企业风控意识，使其具有责任感、竞争意识和分工合作的精神。

2. 使学生掌握诚实守信的企业运营准则，理解"诚信经营，百年老店"的企业生存智慧，树立起对人诚实、对事负责、注重信用的生活态度。

3. 鼓励学生学会运用团队的集体智慧作为解决问题的方法之一，养成善于分享、乐于助人的好习惯。

观念更新

在学习本章案例之后，学生能够对跨境电子商务运营管理风险产生的多方面原因有较深入的了解，对跨境电子商务运营管理风险及风险防范措施有较深刻的认识，同时能够提高自己因地制宜地分析问题和提出针对性解决方案的能力。

基本教学组织方式

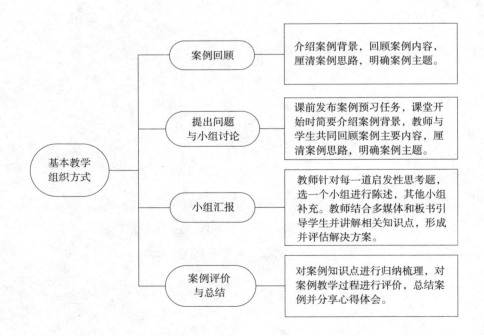

案例1-1 后T/T风险

May是一个外贸新手，2015年年初在深圳创业开了家小型外贸公司——深圳市环球进出口有限公司（以下简称Global公司），主营各式儿童滑板。经过一年多的努力，May手头有几个固定的来往较为密切的海外客户，他们经常会通过E-mail、电话等方式，从May的公司购进小型滑板车，May也因此对未来充满了信心。2016年5月，为了拓展公司业务，提高公司盈利能力，在跨境电子商务发展如火如荼的时候，Global公司也加入了跨境电子商务的行列。May选择了国内一家规模较大的跨境电子商务平台参与合作，截至2017年10月，网站合作基本步上正轨。

2017年年初，Global公司在电子商务平台上迎来了一个印度客户桑贾伊（Sanjay），一开始他的订单很小，一个月也就下单一两次，订单金额总共100美元左右，后面就慢慢地变成几百美元。从2017年下半年开始，他的订单突然就多了起来，差不多每个月都有三四千美元，Global公司通过电子商务平台提供的支付工具收取货款，交易非常愉快，双方皆大欢喜。

随着双方来往频繁，彼此也开始聊起很多与交易无关的话题，这更拉近了彼此之间的距离，巩固了双方的贸易关系。2017年11月3日，该印度客户突然提出要来深圳，与May共同商议大批量订单的成交条件，包括每件产品的具体价格、交货的时间和成交的数量等。他的意图非常明确，就是在交易条件合适的情况下，要购买较大批量的滑板车。May非常高兴地做好了迎接桑贾伊到来的准备，期待能够成交订单，进行更深入的合作。

11月15日，客户带着两个助理如约而至，双方在一番寒暄之后，正式进入谈判阶段。印度客商提出交易条件为：单价USD15.00/PC DAT Bombay，欲购5个标准箱，共10000PCS，付款方式是预付10%，货到后再付余款。按照这个结算方式，Global公司面临较大的资金压力，同时可能存在无法收回货款的风险。因而，May提出，其他交易条件接受，但结算方式应更改为预付50%货款，剩下50%等货到再行支付。双方各不让步，使得谈判陷入僵局。May再三思量，按照客户的交易条件，订单金额USD150000，对一家刚刚站稳脚跟的小公司来说，说大也不大，说小也不小，资金压力是有，但还可以周转得来，若一切顺利，货款回收，利润还是挺可观的。但若一旦出现问题，对方拒付余款的话，那么对Global公司来说将是不小的打击。想来想去，May觉得，这么大单子的客户，无论如何要再做一番努力。于是，他作出让步：单价由15美元降到13.5美元，预付50%。对方按照May的要求也做了以下调整，要求单价再下调 0.5 美元，最多增加预付到 25%。几经谈判，最终成交条件定为：USD12.00/PC DAT Bombay，5 个标准箱，共 10000PCS，付款方式是预付 35%（前 T/T 35%），货到后再付余款 65%（后 T/T 65%）。交货日期为 2018 年 1 月 5 日前，双方约定采用西联汇款（Western Union）。格式如图 1-1 所示。

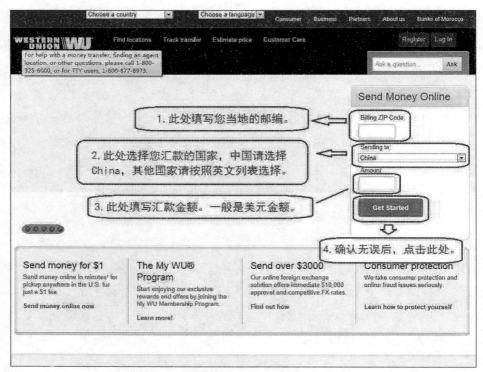

图 1-1　谷歌 Adsense 西联汇款格式

图片来源：陈沩亮博客（https://www.chenweiliang.com/cwl-1191.html）

按照交货条件，Global 公司于 2018 年 1 月 2 日将货送到印度孟买港口，通知印度客户提货，并提出余款付款请求。此时，问题来了，印度客户第一次回复说，公司资金暂时困难，需再等几日，一定付款。几天后，May 再次催促，对方却回复说，出差在外，不便汇款。最终，货在孟买港口已快满 7 天，经多次催促对方提货付款，对方却提出要求：提货可以，但余款必须等货物在印度销完才能给付。May 经过利弊权衡，想到若货物原封不动从孟买运回，来回运费以及可能的海运风险是一笔不小的支出；若就地销售，一时半会儿也找不到代理商办理进口报关和提货等，最终无奈答应了对方的要求。不料，对方提完货后，就像人间蒸发般再也联系不上。这次交易使 Global 公司元气大伤。

启发性思考题

1. 线上交易和线下交易是否能绝对割裂开来？
2. 后 T/T 对跨境买卖双方来说，谁的风险更大？主要风险体现在哪里？
3. 什么情况下，跨境交易的卖方愿意接受后 T/T 付款方式？
4. 若采用后 T/T 成交，对承受风险较大的一方来说，应如何最大程度地降低可能存在的风险和损失？
5. 若对方拒付余款，卖方应如何有效应对？

案例指引嵌入知识

国际结算方式：不同国家或地区的当事人之间基于政治、经济、文化、外交、军事等各种各样的原因产生的债权债务关系，以货币的形式通过银行合法办理的跨国境债权债务的清偿行为或资金转移行为。国际结算按照发生债权债务关系的不同原因，可分为贸易结算和非贸易结算。贸易结算主要针对发生在跨境间的有形商品交换活动，用于结清买卖双方的债权债务关系；非贸易结算主要指贸易结算以外的如服务供应、单向资金转移或调拨、国际借贷等因素引起的资金收付行为。

汇付：又称汇兑或汇款，是指付款人或债务人委托银行，利用一定的金融工具，通过资金头寸在代理行或联行之间的划拨，将款项划到境外收款人或债权人账户的结算业务，是目前国际结算的主要方式之一。

DAT：国际贸易术语之一，是用以表示国际贸易商品的价格构成，说明交货地点，确定风险、责任、费用划分等问题的专门用语。Delivered at Terminal（...named terminal at port or place of destination），其中文含义为"运输终端交货"（……指定港口或目的地的运输终端）术语。按照《国际贸易术语解释通则 2020》的规定，DAT 术语的本质是当卖方在指定港口或目的地的指定运输终端将货物从抵达的载货工具上卸下，交给买方处置时，即为交货。

案例指引

对外贸易结算使用电汇 T/T 分两种情况，一种是前 T/T，一种是后 T/T，即预付货款和货到付款两种方式。从风险负担和资金承受压力的角度来看：前者对于进口商风险更大，有可能预付了货款而收不到出口商的货，同时进口商的资金压力也更大；后者对于出口商风险更大，可能存在货发给了进口商而无法收回货款的风险，同时出口商在备货出货过程中的资金占用压力也较大，即无论是前 T/T 还是后 T/T，只要使用 T/T 作为结算方式，都必然对买卖双方中的一方造成更大的资金压力并承担更大的货款风险。

一般情况下，对卖方而言，有以下几种因素会促使卖方选择后 T/T。

一、商品本身的市场特性

在市场经济条件下，商品的全球供给和需求关系不仅决定了商品的价格，也相应地影响了买卖双方的结算方式。当商品的市场供给总量大于人们的消费需求总量时，市场成为买方市场，此时卖方在买卖中失去主动地位，更容易导致买方要求使用货到付款的结算方式。

二、买方的商业信用

后 T/T 结算方式下卖方能否及时安全地收回货款，归根结底还是取决于买方的商业信用。若经过多方了解，如同行的经验总结、国际咨询机构给出的评估报告并结合自己与该买方以往的合作情况分析等，得出买方企业无不良的商业信用，具有较高的商业信誉，此时卖方可以大胆采用后 T/T 结算方式。

三、交易总额

在一笔买卖中，交易额度关系到该笔买卖可能存在的风险所带来的损失大小。若交易额度不是太大，可能的损失在卖方可承受范围之内，为了交易的达成，卖方往往也愿意冒着钱货两失的风险接受货到付款的结算方式。

四、打开进口国市场的需要

卖方为了巩固或增强自身的市场竞争力，通常会不断开发新产品以便占有市场先机。倘若交易的是创新类商品，买方在未明确国内市场对该商品的接受能力情况下，交易积极性不会太高，且常常采取观望态度，不拒绝也不主动。这时，若卖方能接受货到付款这种有利于买方的结算方式，交易达成的可能性通常会翻倍。

多数情况下，为更好地避免资金和风险负担不平衡的情况，进出口商在对外贸易中更多地采用 T/T 和其他结算方式相结合来结算货款，就像本案例中的预付 35% 和货到再付 65% 的结合方式。

本案例是典型的从线上交易方式转到线下交易的例子。May 是一名创业者，在跨境电子商务平台开了网店从事跨境电子商务，慢慢培养出了忠实的客户，交易由线上转移到线下。事实上，在现实的跨境电子商务交易中，这种经由线上多频次小额度交易之后，转而进行大规模线下合同交易的情况时常发生。线上和线下不是绝对的相互独立状态，两者都是对外贸易的方式，除了线上第三方支付平台之外，了解传统贸易支付方式也是从事跨境电子商务人员的必修课。

跨境电子商务出口降低后 T/T 的结算风险，主要可以通过以下方式做到。

一、成交额度较大的订单，尽量避免使用后 T/T 货款比例过大的结算方式

本案例中，May 采用货到付款的比例占到全部货款的 65%，一旦发生本案例中买方拒付货款的情况，对卖方来说，其损失风险较大。

二、成交合同签订之前，应做好对进口商资信状况的调查

资信调查是卖方在买卖双方签订合同之前的关键步骤，不可忽视，尤其是在使用后 T/T 结算方式情况下更应对其高度重视。一般而言，资信包含两部分内容，即买方的商业信用及其支付能力。前者是买方主观上愿不愿意按期付款的问题，后者涉及的却是买方客观上有没有能力付款的问题，两者对卖方是否能够安全收回货款都具有决定性意义，因而在签订成交合同之前，卖方应通过多方渠道做好对买方资信状况的调查。

三、事先找好目的地代理人

在目的地事先找好代理人，当货到目的地，遭遇买方拒绝提货付款的违约情况时，可以让代理人处理货物，如办理进口的货物检验检疫、缴纳进口关税、办理进口报关、提取货物、做好货物的运输和储存工作，甚至代为销售货物等，最大限度降低卖方的风险损失。

四、卖方务必做好货物投保

在跨境贸易中，货物通常需要经历长距离运输才能运抵目的地，运输过程存在诸多不确定风险发生的可能性。若货物运抵目的地之前，因某种因素产生了风险损失，而卖方在出运货物之前未对该批货物做好运输保险的投保，货物抵达目的地后遭遇买方拒绝提货付款，则其运输途中的风险损失，只能由卖方自行承担。因此，若采用后 T/T 结算方式，跨境电子商务出口必做好跨境货物运输投保相关事宜。

案例 1-2 信用证软条款

中国青岛某进出口有限公司（以下简称 A 公司）与美国某进出口有限公司（以下简称 B 公司）通过 B2B 类型的阿里巴巴国际站的多次交易，建立起了友好稳固的买卖关系。2019 年，我国 A 公司向美国 B 公司出口一批共 80 吨的大蒜，由于涉及金额和货物量较大，双方线下多次接触，并最终签订书面合同，合同规定采用信用证（letter of credit）方式进行货款结算，价格为 USD 2500 per M/T CIF NewYork，商品包装为 in jute bags of 2.5 kgs net each, 20 bags in one corrugated case。根据合同规定，2019 年 7 月为交货期。A 公司在备货后却一直未收到信用证，于是从 6 月 15 日开始几次向买方催促开立信用证，但对方一直拖延，直到交货期 7 月 10 日才开出。信用证中的货物描述条款有规定如下："80 meric tons garlic, in bags of 2.5 kgs net each, 20 bags in one corrugated case."同时，运输条款规定如下："Full set of clean on board bill of lading made out to order of applicant marked freight prepaid, shipment from Qingdao port to NewYork, not later than July 31, 2018."信用证中同时规定需要出口商提交受益人证明，规定"Beneficiary's certificate signed by the applicant dated prior to the actual shipment time."A 公司接到信用证后经业务员审证，未发现其他问题，虽然装运期紧迫了点，但因前期备货完成，若加紧租船订舱和保险等手续办理的话，还是可以赶在 7 月底前完成货物出运的，于是就接受了信用证。但有关人员在办理出口手续，缮制单据时发现了严重问题：实货包装为普通的 poly bag，与合同中约定的 jute bags 不相一致，但符合信用证规定。若按照此包装出运货物，即便拿到了信用证下的款项，也有可能遭到进口商的违约索赔。经研究，A 公司决定改换包装，以避免延误信用证装运期。经过加班突击改换包装，A 公司终于在 7 月 31 日将货物装运完毕。

  A 公司在获得船公司签发的提单后，备齐其他所需的收款单据，于 8 月初提交单据给青岛当地的中国银行议付款项。但银行在审核单据时发现 A 公司提交的受益人证明（beneficiary's certificate）是由 A 公司出具的签章，不是信用证中规定的必须由开证申请人签章，因而以单证不符难以获得开证行付款为由退还单据给出口商 A 公司。A 公司经过仔细检查，发现确实单证不符，即便议付行寄出单据也将遭到开证行的拒付。无奈之下，A 公司只能把受益人证明寄给进口商 B 公司，请求其在受益人证明上进行签署。但不幸的是，此时恰逢美国国内市场大蒜价格走跌，B 公司对该批进口货物的前景抱悲观态度，回函电称"按照合同约定，受益人证明应由我方在货物出运之前签署，你方货物已出运，本着严格履行合同的精神，我方拒绝签署"。几经沟通无果后，A 公司请到了双方多年的共同商业合作伙伴帮忙从中游说协商，8 月 22 日 B 公司终于答应在受益人证明上进行了签署，A 公司此时才长长地舒了一口气，赶紧马不停蹄地委托中国银行青岛分行代为转交单据给美国开证行，满怀期待地等待货款到账的时刻。8 月 24 日 A 公司收到开证行退回单据的通知，开证行拒付款项，理由是单据提交超过《跟单信用证统一惯例 600》（UCP600）的规定，即交单时间不得晚于货物装运日后的 21 天。至此，A 公司彻底傻眼。

  我国出口商 A 公司在连遭挫折后，召集公司高层商讨对策。A 公司一致认为，虽然单证不符点是的的确确存在的，交单日期超过21天也是事实，但之所以导致这样的局面都是由于买方B公司的故意拖延造成的，应利用此情况进一步与B公司协商，拿回款项。

A公司首先联系B公司，请求其授权开证行在这种情况下继续付款给A公司，但遭到B公司的坚决拒绝。无奈之下，A公司一边与B公司继续协商，一边委托A公司在美国的代理商代表前往目的港办理提货事宜，打算在万不得已的时候请代理商代为提货，就地销售。结果代理商的提货请求被船公司拒绝，理由是提单收货人与持有人不符，A公司大惊之下，检查提单，果然发现提单抬头是凭进口商指示。这下只剩一条路可走了，于是，A公司连夜派出由A公司内部各个部门精英组成的谈判团前往B公司交涉货款事宜。几经谈判，最终在9月中旬，A公司答应单价降价800美元后才收到货款。

启发性思考题

1. 信用证中的软条款具体有哪些？
2. 开证行在这笔业务中是否存在不当行为？
3. 探讨出口商如何防范、应对信用证软条款。
4. 线下结算方式——信用证结算方式的利弊分析。

案例指引嵌入知识

信用证：信用证是国际贸易结算的主要方式之一，是开证行应进口商的要求，向出口商开立的，在一定期限内凭规定的符合信用证条款的单据，即期或在一个可以确定的将来日期，兑付一定金额的书面承诺。由于信用证以银行信用为结算基础，相较以商业信用为付款前提的汇付和托收，信用证更能保障出口商的收汇安全，因而备受出口商青睐，是我国当前对外贸易结算方式中使用较多的一种（图1-2）。

信用证软条款：信用证软条款是指在信用证条款中存在的极具欺骗性、掩饰性的某个或某些条款，这些条款的规定非常灵活，弹性很大，难以被信用证受益人察觉，又足以改变信用证的性质。又称陷阱条款，通常是开证申请人为了自身的不当需求而故意预埋在信用证条款中的一些不易被出口商发觉的隐性条款。简单来说，就是开证行应开证申请人的要求在信用证内列有一些出口商办不到或即便办到也会被开证行借故拒付的条款。例如，在信用证中规定"Whether this credit is operative depends on the

```
                    LETTER OF CREDIT
27:SEQUENCE OF TOTAL              1/1
40A:FORM OF DOCUMENTARY CREDIT    IRREVOCABLE
20:DOCUMENTARY CREDIT NUMBER      HKH123123
31C:DATE OF ISSUE                 100705
31D: DATE AND PLACE OF Expiry     31 AUGUST 2010 IN CHINA
50:APPLICANT                      PROSPERITY INDUSTRIAL CO. LTD.
                                  342-3 FLYING BUILDING KINGDOM STREET HONGKONG
59:BENEFICIARY                    XIAMEN TAIXIANG IMP. AND EXP. CO. LTD.
                                  NO. 88 YILA ROAD 13/F XIANG YE BLOOK RONG HUA
                                  BUILDING, XIAMEN, CHINA
32B:CURRENCY CODE,AMOUNT          USD8,440.00
41D:AVAILABLE WITH BY             ANY BANK
42C:DRAFT AT                      AT 30 DAYS AFTER SIGHT
                                  FOR FULL INVOICE VALUE
42A:DRAWEE                        HONGKONG AND SHANGHAI BANKING CORP.HONGKONG
43P: Partial Shipments            ALLOWED
43T: Transshipment                NOT ALLOWED
44E: Port of loading              XIAMEN, CHINA
44F: Port of discharge            HONGKONG
44C: Latest Date of Ship          31 AUGUST 2010
45A: Descript of Goods            COMMODITY AND QUANTITY   UNIT PRICE
                                  SPECIFICATIONS
                                  1625/3D GLASS MARBLE  2000BOXES  USD2.39/BOX
                                  1641/3D GLASS MARBLE  1000BOXES  USD1.81/BOX
                                  2506D GLASS MARBLE    1000BOXES  USD1.85/BOX
                                  PACKAGE:10BOXES/CARTON
                                  SHIPPING MARK:
                                  P.7.
                                  HONGKONG
                                  NO. 1-400
                                  TRADE TERM:CIF HONGKONG BY VESSLE
46A:Documents required            +SIGNED COMMERCIAL INVOICE IN 3 COPIES INDICATING L/C
                                  NO. AND CONTRACT NO.
                                  +PACKING LIST/WEIGHT MEMO IN 3 COPIES INDICATING
                                  QUANTITY, GROSS AND WEIGHTS OF EACH PACKAGE
                                  +MANUALLY SIGNED CERTIFICATE OF ORIGIN IN 3 COPIES
                                  INDICATING THE NAME OF THE MANUFACTURER
                                  +FULL SET OF CLEAN ON BOARD BILLS OF LADING MADE OUT
```

图 1-2 样本信用证部分条款

（图片来源：http://www.mianfeiwendang.com/doc）

fact that the importer could obtain import licence", 或者规定 "The opening bank is obliged to payment only after goods are shipped to the port of destination" "Inspection certificate to be issued by ×××（进口商）" "Commercial invoice to be countersigned by ×××（进口商）"等。若出口商没有足够的业务能力和经验，未能正确审核信用证，忽略了信用证中的软条款，就会给自身带来难以预料的风险损失。

案例指引

信用证交易应遵循单据内容和文字与信用证严格相符的国际惯例，在单证相符、单单相符、单货相符的情况下，出口商才能安全地从开证行手中收到货款。但买卖双方往往因为业务能力不足等问题而产生信用证交易下的纠纷。本案例中出口商需要提交给开证行的单据中包含了一个受益人证明，但信用证中对该单据的要求是由进口商签字，这涉及信用证的软条款问题。

一、确定收到的信用证是否存在软条款

信用证是开证行应进口商的要求开立给出口商的，承诺在单证相符前提下保证付款的银行承诺文件。虽然银行承诺凭单付款，只要出口商提交的单据符合信用证要求，银行就履行承诺，但该承诺文件是开证行在向进口商收取开证手续费和开证保证金等前提下，按照进口商的要求而开立的，信用证条款反映的是进口商的意志，有可能该进口商存心诈骗，或仅仅作为必要时的策略手段，而在信用证条款中布下陷阱条款。所以出口商收到信用证的第一件事，就应认真审核信用证，不仅审核信用证条款是否与合同相符，还要审核信用证条款是否前后矛盾，是否规定了出口商无法完成的任务等，为安全收汇走好关键一步。

从上述分析再看整个案情，信用证需要提交的单据中有一个受益人证明单据，但受益人证明需要由进口商签署才可以，否则开证行有理由以单证不符拒付款项。这说明买方是蓄意制造拒付的条件。开立带有这种条款的信用证，完全是个陷阱。只要受益人接受了这个信用证就等于被套进圈套，自己跳入陷阱。案例中美国国内大蒜行情下跌，进口商未能获得预期收益，就以陷阱条款合法合理拒付，让出口商吃哑巴亏。信用证中进口商暗设陷阱，以备不时之需，若进口国国内市场价格高涨，进口商的这张王牌就不打出来，可见其实进口商已早早地为自己在这笔买卖中的进退做好了万全的准备，只等不明真相、不熟悉信用证业务的出口商这只"小鱼儿"上钩。

二、银行的拒付是否违规

本案例中的开证行依据 UCP600 的规定，第一次拒付理由是单证不符，第二次拒付理由是交单日期超过提单日期 21 天。可以说银行在该笔信用证业务中是严格遵循跟单信用证统一惯例的。

我国进出口企业在信用证结算中应做好以下几项工作。

1. 审核信用证

卖方在收到信用证后应重点审核信用证内容，看其与买卖合同是否相符，彻底弄清楚各个信用证条款对出口商的利弊，对于模棱两可的条款或者出口商难以确定的条款，应及时向开证申请人提出，并要求其向银行提出修改信用证条款，直到信用证各条款都符合买卖合同内容为止，做到"早发现，早解决"，避免出现发货后的被动情况。

2. 重视外商的资信状况

信用证是银行的付款承诺，不少外贸企业以为只要拿到信用证，有银行信用作保证，就可以高枕无忧了，这种想法是错误的。信用证是开证行在进口商的要求下开立给出口商的，有可能存在一些偏离进出口合同约定的不利于出口商的条款规定，或者

像本案例中一样隐藏着软条款。所以进口商的资信状况贯穿买卖的整个过程，资信不佳的进口商可能利用信用证条款进行拒付货款、迟付货款，甚至骗取货物，而议付银行对此无能为力。因此，一笔成功的交易离不开资信可靠的客户。卖方对于一些不知底细的买方客户一定要保持头脑冷静，一旦发现买方心术不正，宁可放弃一两笔生意不做，也不能稀里糊涂地钻进其事先设计好的圈套里。

3. 加强银企合作，增强抗风险能力

信用证业务是以银行为媒介的结算业务，一般涉及的银行有出口商当地银行，即通知行或议付行，两者通常由同一银行担任。案例中受益人所在地银行即中国银行青岛分行作为该笔信用证的议付行，通常情况下也是该笔信用证的通知行。通知行主要负责鉴别信用证或信用证修改书的表面真实性，并准确地向受益人通知其收到的信用证或修改的条款。议付行是实施议付行为的银行，负责审核单据的义务。虽然依据UCP600第七条、第十二条，作为通知行没有提醒受益人软条款的义务，但银行为了提高服务质量，以及出于保障我国外汇收汇安全的考虑，更多地会主动选择站在出口商的角度，除了鉴定信用证的真假、开证行的资信能力、付款责任和索汇路线是否清楚之外，还会以银行专业的业务能力重点审核信用证中是否存在不易察觉的软条款，并及时和出口商沟通，将出口商信用证结算的风险关口前移。

4. 提升外贸业务能力

对外贸易相比国内贸易来说更为复杂，环节更多，风险更大。跨境贸易涉及的领域包括运输、保险、金融等，集理论性和实践性于一体，从最初的寻找贸易伙伴、进行谈判到签订合同和履行合同的整个过程，处处都潜藏危机，只有拥有丰富的国际贸易知识和实践经验的从业者才能很好地完成贸易的每个步骤，合理规避潜在的贸易风险。本案例中，A公司选择阿里巴巴国际站进行B2B贸易买卖，在量不太大的情况下，通过普通物流发货完成交易，较少接触大批量的买卖，因而缺乏签订大宗买卖合同的能力，也不了解信用证结算方式的特点，对运输单据海运提单不同抬头所隐藏的风险欠缺应有的认识和警惕。正是由于外贸业务能力的不足，A公司未发现签订的合同、收到的信用证和贸易单据的不合理之处，导致了履约中的步步维艰。例如，合同中未规定进口商开到信用证的确切时间，使得出口商不得不对进口商多次催促，也就耗费了可用于交货的时间，为后续的一系列问题埋下了隐患。

5. 灵活使用多种结算方式和运输方式

买卖双方有时候在风险承担方面存在一定的矛盾。有时，买方为了防范自己被卖方坑蒙拐骗，出于自己安全收到货物的考虑而在信用证里故意添加软条款以备不时之需，但事实上，他们的确是想让生意最终做成的。对这种情况下的软条款，卖方要灵活对待，采取一些变通的方法，既满足信用证条款的要求，实现自己的出口创收，又不至于使自身陷入巨大的且无法挽回的亏损状态。例如，如果买方订购的数量多、金额大，卖方则应要求信用证允许分批装运，生产一批，发运一批，收汇一批，如此循环一方面可以实现资金及时回收有效利用；另一方面万一订单履约中市场行情发生了意外变化，买方利用软条款拒付款项，这种"化整为零"的做法可以让卖方拥有更大的规避风险的主动权。也可以采取多种结算方式相结合的方法，如50%货款D/P、50%货款L/C的组合，或者40%前T/T、60%信用证的组合等多种结算方式的交叉使用，最大程度地保护卖方的收汇安全。

 案例启示

一、加强信用证支付方式的学习

信用证支付方式在国际贸易结算中被广泛使用，许多外贸业务人员一般认为该支付方式较为普遍，自己已熟练掌握，从而常常忽略对信用证相关内容的不断钻研和持续探讨总结的重要性。我国是贸易大国，作为对外贸易主要结算方式之一的信用证的有关知识，还有待相关贸易人员进一步挖掘和学习，并高度重视起来。

二、充分发挥通知行的作用

保持与银行间的良好沟通很重要。银行在作为信用证通知行通知出口商信用证之前，除了帮忙鉴别信用证真假之外，还会站在出口商的立场，利用其扎实的业务能力和丰富的审证经验，尽量帮助出口商审核是否存在软条款。该案例反映了我国部分银行的业务能力不过硬，未能在信用证软条款的把关上起到提醒作用。同时，出口商自身也应积极与通知行沟通，加强与通知行的合作，充分利用通知行的金融专业能力防范信用证软条款风险。

总之，在实务中应尽量避免在信用证中出现这些软条款。

案例1-3　PayPal账户遭到冻结

天津的张先生在Wish上经营业务超过两年，一直销售正常，但是2022年他因为在Wish上销售平衡车，整个Wish资金账户被全部冻结，大概有30多万元人民币的货款至今不知所踪。

张先生在深圳有一家平衡车的工厂，长期以来都是接受海外客户贴牌生产（original equipment manufacturing，OEM）的订单生产，生意经营得还算顺利。随着跨境电子商务的发展，张先生也有心参与，并且暗中寻找机会。前几年在朋友的介绍下参与了一次跨境电子商务分享会，张先生就开始慢慢地把部分传统的 B2B 业务转型到跨境电子商务 B2C。一开始张先生在 eBay 做跨境零售，因为销售火爆转而开始进入 Wish，跟 Wish 合作的两年内一直非常顺利，每次只要物流显示妥投就正常收汇，虽然有时候也会有一定的收款延迟，但是总体合作非常愉快。

Wish 使用第三方支付公司 PayPal 进行收款，PayPal 对假冒伪劣商品的处罚规则一向严格，时常会让跨境卖家们苦不堪言，久经外贸沙场的张先生对外贸收汇安全是非常在意的，也了解 PayPal 的平台规则。对于平衡车的争议产品问题，张先生还曾经特意咨询过 Wish 的一个大区经理，得到的回复是鼓励销售。此次账户遭到冻结，张先生反复多次找到 Wish 和 PayPal 公司进行沟通，最终得到的答复是海外买家就知识产权和消费欺诈对他的店铺进行投诉，所以 Wish 最终判定支持海外买家的利益，进而 PayPal 冻结了张先生的账户。在张先生与 PayPal 的沟通中，PayPal 并未改变冻结决定，只是提示张先生找律师解决，称其直至收到法院判决通知才会对账户解禁。一般情况下，中小卖家根本承受不起美国律师的高额费用，所以很多人都会选择放弃，而 PayPal 账户中冻结的资金过段时间会被清零。即便卖家愿意花钱去诉讼，这也是一个相当复杂的过程。

对于 PayPal 平台单方面、粗放式地冻结自己账户的资金，张先生一直非常吃惊并且不敢相信这是一个美国互联网公司的所作所为，张先生曾经就自己的案例咨询过中国的律师，得到的答案是 PayPal 属于美国的互联网公司，这样的纠纷官司必须到美国本土去打，想想高额的法律成本，张先生欲哭无泪。

启发性思考题

1. 什么是 PayPal 的临时冻结？
2. 减少 PayPal 账户被冻结或者避免账户被清零，应该注意哪些事项？
3. 跨境电子商务企业在选择合作平台时，是否应对平台设置的平台规则进行深入了解和比较？
4. PayPal 账户被冻结后如何有效解冻？

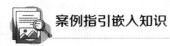 **案例指引嵌入知识**

PayPal：PayPal 是全球使用最广泛的第三方在线支付工具之一，服务范围超过 200 个市场，支持的币种超过 100 个。在跨境电子商务交易中，将近 80% 的在线跨境买家更喜欢用 PayPal 支付海外购物款项，欧洲、北美等电子商务发达地区，有些时候使用 PayPal 的比例甚至超过 90%。PayPal 最被诟病的是该公司拥有可以对用户资金随意冻结和私自扣款的特权，而且这种扣款的解释权，也在 PayPal 自己手上。

对卖家而言，通过 PayPal 收款，不必再担心收到"未经授权的付款"或买家声称"从未收到物品"，符合条件的交易可以自动享受 PayPal 卖家保障，无须额外申请。自 2009 年 6 月 15 日起，PayPal 的卖家保护可以帮助减少买家因"未经授权付款"与"物品未收到"而提出的"补偿申请""退单"或"撤销"。对买家来说，如果遇到购买的 GPS 没有送达，或在线购买的是条纹衫，而收到的却不是等情况，即购物出现意外，只要符合买家保障的条件，PayPal 将赔偿损失。

线上支付平台：目前跨境电子商务的结算方式和国内的电子商务平台基本一样，买卖双方通过第三方支付平台结算。常用的有信用卡、PayPal、PingPong、CashPay、Moneybookers、Payoneer、ClickandBuy、CashU、Alipay、WebMoney、Paysafecard、Stripe、Amazon Pay 等。

 **案例指引**

一、PayPal 账户冻结

根据《中华人民共和国刑事诉讼法》的规定，冻结属于针对财产的一种强制措施，一般情况下公安机关一旦采取冻结银行账户的手段，说明已经有犯罪事实发生了。对于个人或企业来说，无非以下两种情况：①被冻结账户的持有人涉嫌犯罪，如具有诈骗、洗钱、走私、非法经营等犯罪行为。②被冻结账户与涉嫌犯罪的其他账户有资金往来，如有境外或地下钱庄、涉嫌赌博、诈骗账户流入的资金等。不论哪种情况，对于账户的主人来讲，其已经有刑事犯罪的风险了。

因而，很多人一旦发现自己的账户被冻结，立即联想到了犯罪，继而惊慌失措，惶惶不可终日，要么是坐以待毙，错失争取解封的良机，要么就是病急乱投医，不得要领。这里首先要明确的就是此冻结非彼冻结，银行账户冻结是人民法院要求银行配合采取的行为，而 PayPal 账户财产被冻结通知（图 1-3）是 PayPal 公司对 PayPal 账户资金采取的限制行为，两者的源头不同，当然起因也不同，可能导致的后果也完全不同。商家需要做的不是紧张，而是首先应该明确 PayPal 账户被冻结的原因，然后对症下药。

二、PayPal 账户被冻结的一般原因

1. 违反了相关规则

跨境电子交易必须遵循买卖双方国家的进出口法律法规，同时还必须遵循第三方平台的规章制度。例如，我国法律规定，不得买卖妇女儿童、枪支弹药等；必须获得国家进出口许可才能买卖国内紧缺的资源和受保护的动植物。第三方平台也会有类似的平台规则，一旦违背这些规则，很容易出现账户被冻结的结果。

2. 账户存在较高风险

若商家存在被客户退单过多或投诉过多的情况，PayPal 公司会以此判断该商家

图 1-3　Paypal 账户被冻结通知
（图片来源：https：//ask.miker.com/question/76075）

账户存在高风险，因而终止与商家的合作，冻结账户。一般退单率超过 1%、投诉率超过 3% 的商家会被 PayPal 终止合作。同时，PayPal 公司会对突然短时间内销售量暴增的商户或开启新商品售卖的商家进行调查，在调查期内，你的账户也可能会受到限制。日常销量突增或者突然改变销售商品类别等情况都可能导致账户被判定存在较高风险，从而引发被冻结的情况。

3. 从 PayPal 账户提现金额过大或过于频繁

PayPal 公司虽然没有明文规定账户内必须留存一定比例的款项，但根据实践经验得知，若一次性提取金额过大，如超过账户总金额的 80%，则有可能遭到 PayPal 公司的账户冻结。这也是 PayPal 公司出于保护买家的角度采取的一种临时性措施，是防止卖家侵害买家权益后提现大额度款项，后期无法给予买家保障的一种做法。当然，如果卖家本身是合法经营，这种情况下账户也会很快解封。日常经营中，为了让 PayPal

公司放心，卖家提现金额一般控制在 80% 以下，预留 20% 以防止买家退单，也预防账户被 PayPal 公司冻结。另外，短时间内频繁提现也是不可取的。比如，某商家 PayPal 账户共 3 万美元，第一次取现 6000 美元，接着又取现 8000 美元，账户有可能因此被冻结。

4. 未发货而提现

收款后货还没发就立马提现。比如，账户收了 500 美元，收款后马上提现 400 美元，存在这种情况，账户也很容易被冻结。或者有些卖家虽然没有立即提现，但发货后，货还未到达买家手中，这时候提现同样会遭到 PayPal 公司怀疑而被冻结账户。

5. 多个账户和关联账户的问题

关联账户由 PayPal 系统进行判断，但是到实际冻结的时候还是由人工来判断。系统判断关联账户的途径一般有 3 种。

（1）同一台电脑登录了几个不同的账号。

（2）同一个 IP 登录了不同的账号。建议不要在公共场合，如网吧、图书馆、咖啡馆、酒店等使用账户。

（3）收过同一个买家 ID 的不同账号。关联账户可以追踪哪几个账号隶属于同一个卖家，这就是很多人账户被冻结了再去开新账户，开了还没怎么用就又被冻结了的原因。

三、发生账户冻结情况的处理方式分析

1. PayPal 账户资金很多的情况

如果账户资金量很大，最好直接委托律师应诉，说明自己没有侵权，但维权费用比较高，律师费用基本上是按小时计费的，一个小时三四百美元，从律师开始研究你的案件起计费。

2. PayPal 账户资金不太多的情况

账户资金量不是特别大，但也不算少，这种情况可以直接承认侵权或其他错误，由代理律师去谈判赔偿金额。

3. PayPal 账户资金比较少的情况

如果账户资金不多，可以对冻结情况不予理会，直接注销 PayPal 账户即可。这样做的弊端是以后该商家名下永远不能使用 PayPal，所有挂钩付款的任何名下的 PayPal 账户都有可能随时被封，该卖家的网站永远会被盯上，和其网站挂钩的 PayPal 账户会被不定时冻结，公司法定代表人则不能在美国有任何的资产（包括银行卡等），法院有权冻结其在美国的所有资产。

四、如何真正有效规避账户被冻结的风险分析

1. 规范经营

跨境电子商务在2020年获得了爆发式的业态生长,渐渐成为我国对外贸易中一支不可小觑的生力军。当然,其发展的背后离不开我国跨境电子商务政策的大力支持和全体外贸人的积极努力。但从无到有、从草莽发展到阳光精细化,其成长道路必然会在不断试错和不断纠偏中曲折前进。电子商务平台卖家们和PayPal间不间断的纠纷事件就是最惨痛的真实案例。要想在电子商务市场上立足,走得更久、更远,合规经营是跨境电子商务经营者们唯一的选择。尊重市场,遵循平台规则,不做目的国市场禁止做的事,不投机取巧,规规矩矩地依法经营才能走得更长远。

2. 持续关注平台规则变化

平台规则不是静止不变的,跨境电子商务平台会随着跨境电子商务活动发展情况以及市场竞争状况不断出台新的平台规则,跨境电子商务经营者在日常经营过程中应该保持关注平台规则的习惯,坚持持续不断地学习平台的规则和条款,对于关系到支付安全的条款应该牢记在心,在实际的跨境经营中要保护好自己的账户信息和资金安全,这一点尤为重要。

3. 做好售后

企业售后服务非常关键,好的售后服务可以规避大部分的客户投诉。卖家除了按时发货,发货后及时录入系统,跟踪物流信息,通知买家并时刻关注买家的信息回应之外,还应对买家的投诉给予及时有效的回应和合适的处理,同时要切忌采用退款方式解决所有的投诉。

案例1-4 物流风险控制

中国跨境电子商务发展迅猛,其有目共睹的成绩更是获得了无数的关注。从微信推出的"微信指数"中可以看出,跨境电子商务的发展势头愈发强劲。然而作为跨境电子商务必不可少环节的跨境物流,其被关注度与发展趋势却与跨境电子商务相差甚远,而作为跨境物流"主力军"之一的电子商务小包,更是连词条都没有被收录进微信指数。跨境电子商务和跨境物流趋势相差巨大是诸多因素的综合作用,但最为重要的一点还是业界对跨境物流的重视度不够、了解匮乏。跨境电子商务卖家对跨境物流认知的扭曲,当前市场上低质量的货代滋生,都给跨境物流服务带来了严重的影响,并拉低了跨境物流服务的质量,给跨境电子商务卖家带来诸多的困扰和损失。

进入 2022 年，供应链危机、俄乌冲突等因素的影响，使国际跨境电子商务物流受到了极大的冲击。一方面，跨境物流运输成本节节攀升；另一方面，参差不齐的货代水平也直接导致许多卖家不得不面临交货期延误的考验。物流公司操作不当导致货物被查、收空运发海运或铁运、无良货代卷款跑路等事件层出不穷，不仅增加了跨境电子商务卖家的资金压力，也给店铺运营成果甚至账号安全带来极其恶劣的影响。

2022 年 5 月，某物流公司发布的《关于日线经营部 2021 年异常损失处理结果通报》刷屏跨境圈（图 1-4）。据悉，该物流公司的日线经营部于 2021 年 10 月 11 日第一次出现货柜被海关查验的事件，但并未引起相关人员的重视。10 月 21 日再次被查验时，出现货不对版、货证不一的异常情况，但相关人员依旧未采取任何措施，一直到 11 月 8 日仍在正常收货。最终，该物流公司因瞒报商业件申报通关，被海关查到，须补缴高额税金。该事件中 91 个柜子被查，损失达 1100 万元，牵涉 640 家客户！值得注意的是，这并非第一家被海关查验的日线物流公司。2022 年 4 月，有一家老牌物流公司被日本海关上门查验了 400 多个货柜，货值高达 20 亿日元！好在海关查验后，以上物流公司

图 1-4　某物流公司通报

（资料来源：https://www.sohu.com/a/548040365_120901301）

都已经做了相应的调整,规范收货,但卖家因此遭受的经济损失和账号风险却无法完全弥补。

启发性思考题

1. 了解跨境电子商务物流风险。
2. 跨境电子商务物流风险主要体现在跨境交易的哪几个环节?
3. 卖家选择跨境电子商务物流应考虑的因素有哪些?
4. 综合来看,目前我国跨境电子商务物流行业主要存在的问题有哪些?
5. 探讨跨境电子商务物流风险规避技巧。

案例指引

跨境电子商务物流运输途中,由于跨境运输路途遥远,从事跨境电子商务的多数人缺乏外贸经验,加上对国际法规、海关政策的不了解等原因,包裹出现遗失、破损、海关扣关以及被退回的现象时有发生,今天我们就来看看一些常见的问题,并探讨解决的方案。

货物从卖家送达消费者手中,一般来说,会经过3个物流段:①卖家国内物流公司的运输。②中间转运公司的通关。③消费者国内物流运输公司的运输。无论是卖家国内的运输还是境外消费者国内的运输,两者都必须经过海关的检验放行,都会涉及国内通关和境外通关。我们把运输风险分为国内物流风险和境外物流风险两个部分。

一、国内物流风险

1. 货物破损或丢失

货物在国内段运输一般通过铁路或公路进行运输,少部分通过航空或内河进行运输。在运输公司进行货物装卸、运输的过程中,不可避免地会发生货物破损或丢失的现象。一部分原因是长途运输、路途颠簸、货物相互碰撞造成货损货差;另一部分原因是个别物流操作人员为追求效率,忽略规范操作的重要性,暴力分拣货物,在一定程度上导致货物发生损失。当然,有些货物的破损或丢失可能是由于不正确的运输方式造成的。比如,某些货代为了节约成本,单方面改变运输方式等。商家在选择货运代理公司时要谨慎,产品包装要严格把关。

2. 出口清关

货物出口必然要经过出口国海关的查验才可放行。属于国家严格禁止出口的货物坚决不予放行，若是需要经过审批，获得有关部门许可才可出口的货物，商家需要提供出口许可证给海关查验，否则无法通关。国家规定必须经过出口检验检疫的商品，必须由出口主体获得经过进出口检验检疫机构签署的检验检疫证书，否则无法出口通关。另外，一旦海关在查验货物过程中，发现假冒伪劣商品，一律没收。因此，若商家想要顺利通关，应注意所出口的商品是否需要经过检验检疫，是否需要获取有关部门的出口许可证书，所出口商品是否符合国家允许出口的范畴等要素。同时，在出口前了解清楚需要提交给海关的材料清单、相关报关文书等，避免出现因材料短缺而无法通关的情况。

二、境外物流风险

1. 运输安检

运输安检，尤其是航空运输安检更应该引起足够的重视。在一些幅员辽阔的国家，如美国、加拿大、俄罗斯等，货物抵达国内机场或港口后，有很大概率会通过航空运输的形式运送货物。这时候，有些产品可能出现无法通过航空安检而不得不改变运输方式的情况，如易燃易爆商品、含电池的电子产品等。因此，商家要事先做好危险品证明，并在航空公司进行备案，如果是电池类商品，提前做好化学品安全技术说明书证明。

2. 货物破损或丢失

货物在进口国国内运输同样面临运输公司装卸过程中因暴力分拣、中转拆包等造成的外包装破损或丢失的问题，物流在配送货物过程中也可能因为不可抗力因素，如极端天气等导致发生包裹投递延迟的情况。如果货物中有易碎物品，商家要张贴易碎品标签，在发货前垫好泡沫、气泡袋，打木架或木箱，以加固好自己的货物，保证货物安全。另外，保险作为防范风险的重要手段之一，在货物运输中应被予以足够的重视，商家可提前购买好相关运输险，如破损险、丢失险、延迟险等，有效预防破损或丢失导致的风险损失。

3. 进口清关

进口清关常见的问题主要是某些国家关税过高、因市场价格变动导致买家不愿办理清关手续、由于进口商国家临时禁止某些商品进口而无法完成报关等，还有些商品可能涉及知识产权侵权或者申报的进口入关价值与实际不符等。为了避免出现这些问题，商家要了解产品在目的国海关的具体清关要求，尽量避免涉嫌侵权的仿牌产品，做到如实申报产品价值。特殊情况如客人要求低申报，则要保留好证据。申报品名要尽量详细，避免只写"礼品""配件""样品"等。

三、选择合适的物流

跨境电子商务企业在选择物流时,应根据自身的交易规模和实力进行合理选择。交易规模大、实力强的卖家可选择建立境外仓的物流模式。交易量小、市场集中的卖家,可选择专线物流以降低物流成本。小型卖家还可利用跨境电子商务平台的配送渠道,将货物发运到平台境外口岸仓库,再由境外仓平台完成货物的配送。同时,跨境电子商务商家可以联合在一起,组成物流联盟,与国际(或地区间)物流企业协商,制定物流专属线路,享受专线物流的折扣。

对物流运输速度要求高的产品,可以选择商业快递。例如,通过 UPS 寄送到美国的包裹,最快可在 48 小时之内到达。商业快递的特点是费用高,可以全程追踪,一般在 5~7 天到达目的地,丢包和客户撤销付款的风险小。在运输速度要求不高的情况下,可以选择航空小包。特点是便宜、方便,可以实现全球通邮,而且价格统一,但时效不是太稳定,更新信息较慢,丢包和客户纠纷风险较大。从消费者的角度考虑,卖家应尽量在满足物品安全度和速度的情况下,为买家选择运费低廉的服务。

四、跨境电子商务第四方物流平台

第四方物流(fourth-party logistics,4PL)是供应链的集成者,是专门为第一方卖家、第二方买家和第三方专业化物流服务平台提供物流信息咨询、规划和管理等服务的服务类型,主要以为客户提供个性的、可行的供应链解决方案为目标。成熟专业的跨境物流企业能够降低物流成本、提高配送时效、提升用户购物体验,从而促进跨境电子商务的进一步发展。现阶段,我国基于跨境电子商务的第四方物流平台才刚刚兴起,需要政府和社会各方面的支持,以及 4PL 自身的不断自我成长完善,如不仅提供基础的跨境物流服务,也提供更加高端的增值配套服务。

案例 1-5 海外仓前程货物海运风险

2017 年之前,杭州富丽服装进出口有限公司(以下简称富丽公司)一直致力于国内服装市场,并取得了不俗的成绩。随着近年国内服装市场竞争越来越激烈,其利润空间渐渐萎缩。为扩张业务范围,富丽公司于 2017 年开始斥资建设线上销售渠道,由专业团队在亚马逊上精心打造富丽服装品牌,专注开辟美国市场,名号越来越响亮,客户也越来越多。为了提高产品曝光率、节约物流运输成本、提高商品派送速度并提升消费者的购物体验,实现本地销售、本地配送,最终达到更好地打开和巩固美国市场的目的,富丽公司于 2017 年 6 月在美国建立了海外仓。

2017年6月下旬，富丽公司委托杭州鹏程货运代理公司（以下简称鹏程公司）办理服装货物海运，共5个40英尺（1英尺=0.3408米）集装箱，从宁波舟山港到纽约港。鹏程公司在接受了富丽公司的委托后，出具了House B/L给富丽公司，并以鹏程公司的名义向中国远洋运输集团总公司（China Ocean Shipping Group，COSCO）发出订舱申请（图1-5为COSCO海运船只）。COSCO接受订舱要求后，鹏程公司办理出口的一切手续，很快这批服装就装上了船，并取得COSCO签发给它的海运提单，提单上注明运费到付，收货人和发货人都是鹏程公司。

图1-5　COSCO海洋运输
（图片来源：https://zhuanlan.zhihu.com/p/414654737）

货物在运输途中，由于COSCO船员管理不当引发船舱着火，导致5个集装箱中有2个集装箱中的货物受损严重。货到纽约港后，COSCO要求鹏程公司支付运费，但被拒绝，鹏程公司认为应该由富丽公司来支付这笔费用，因为货物是富丽公司的，自己仅仅是富丽公司的货物运输代理人，没有理由支付运费，而且之前也并未收到富丽公司支付给它的该笔费用。

由于货已到纽约港，富丽公司需要换发提单才能从船公司手中提取货物，为了不耽误应季服装的市场旺季销售，富丽公司只好先同意支付运费给鹏程公司，然后鹏程公司才同意换发船东提单给富丽公司。富丽公司在纽约港换发提单后从船公司提货，发现2个集装箱的服装严重受损，遂向鹏程公司提出索赔，但被鹏程公司拒绝。理由是货物的损失是由船公司造成的，自己不该是货物损失的索赔对象，认为COSCO应该承担责任，建议富丽公司去找船公司索赔。

（改编自：辛宪章、刘霖主编的《国际贸易案例精选精析》）

启发性思考题

1. 本案例中鹏程公司相对于富丽公司而言是何种身份？
2. 鹏程公司是否应支付COSCO的运费，理由何在？
3. 富丽公司是否有权向鹏程公司索赔货物损失，理由何在？
4. 富丽公司是否有权向COSCO索赔货物损失，理由何在？

 案例指引嵌入知识

提单：英文 bill of lading 的缩写，即B/L，是海运提单的简称，指海运货物承运人或其代理人在货物装船完毕后签发给托运人或其代理人的书面证明文件。主要用来证明承运人已收到货物，并保证把货物运到托运人所指定的目的地，它是货物所有权的凭证，同时也是国际贸易货款结算的重要单据。

House B/L：即货代提单，俗称小提单，是由货运代理公司签发给托运人的提单。在实际业务中的多数情况下，从事国际货物海洋运输的船公司都不愿意接受少量货物的托运，找货代的话，托运人可以获取较为优惠的运费价格，同时货代还提供报关等服务内容，省去托运人不少麻烦的手续。

 案例指引

本案例是一起典型的货运代理纠纷案件。货运代理是指货运代理人受货主委托，以货主的名义办理货物运输及有关手续的一种民事法律行为。货运代理人是连接货主和实际承运人的一个专业性机构或组织，利用其丰富的专业知识代办租船、订舱、报关、报验、保险和签发提单乃至交单议付和结汇等业务。这些工作联系面广、环节多，是把国际贸易货运业务相当繁杂的工作相对集中地进行办理，对提高对外贸易规范性和流畅性等方面有着积极的作用。《中华人民共和国国际货物运输代理业管理规定》于1995年6月6日经国务院批准，但直至目前，我国尚无专门调整货运代理的法律。

一、关于富丽公司与鹏程公司、船公司之间的关系

海上货代合同是一种委托代理关系，最为常见的是涉及托运人、货代企业和实际承运人这三方之间的关系，通常用委托运输协议或合同来确定，涉及货代企业与承运人之间的关系，通常以租船、订舱合同或协议确定。

我国是大陆法系国家，以代理人是否以本人的名义与第三人进行商事活动为依据，大陆法系把代理划分为直接代理和间接代理。直接代理是指货代企业以托运人的名义与承运人签订海上货运合同。通常在集装箱整箱和散件运输业务中，货代与托运人之间表现为直接代理关系，承运人直接签发货主为托运人的提单，如在运输中发生纠纷，承、托相互之间可以直接进行诉讼。

间接代理是指货代企业为了托运人的利益，以自己的名义与承运人签订海上货运合同，通常在集装箱拼箱运输和国际多式联运业务中，货代企业与托运人之间表现为间接代理关系，货代企业以无船承运人的名义给实际托运人签发货代提单，或以多式联运经营人的名义签发多式联运提单，实际承运人或二程承运人再与货代企业托运人签发海运提单或二程提单。如在运输中发生纠纷，只能在托运人与货代企业之间和货代企业与实际承运人或二程承运人之间相互行使诉权，托运人与实际承运人或二程承运人之间不能直接进行诉讼。

由此可见，本案例中，富丽公司先是与鹏程公司签订代理运输合同，鹏程公司签发货代提单给富丽公司。接着，鹏程公司与实际承运人COSCO签订海上运输合同，COSCO签发船东提单给鹏程公司。两个协议分别约束两个当事方，富丽公司实际上并没有直接与船公司之间有权利义务关系。

二、关于运费到付的性质

收取运费是承运人运载货物理应获得的权利。一般根据货物海上运输合同的约定，运费有预付和到付两种方式。按照国际海运实践，承托双方约定运费到付，即约定运费在货物运到目的港后由收货人支付。海上货物运输合同的当事人包括承托双方和收货人，提单是收货人和承运人之间存在运输合同的直接证据。本案例中，COSCO签发给鹏程公司的海运提单约束的是实际承运人COSCO与鹏程公司双方当事人之间的权利义务关系，所以COSCO向鹏程公司发出运费收取要求是正确的。货代提单约束货代和实际托运人之间的关系，换发船东提单给实际发货人或其指定代理人是货代公司的义务，不能以其他条件为前提。案例中，鹏程公司拒绝支付运费给船公司，反而要求船公司向富丽公司收取运费的做法是站不住脚的。鹏程公司应先支付运费给船公司，后在实际收货人向目的港的货代代理人换发船东提单时向其收取运费。在这里尤其需

要关注的是不同当事人之间的约束文件是不同的。

三、关于货损的索赔对象

货物在海上航行途中遭受到风险导致货物发生损失，在确定索赔对象时首先需要明确风险是什么，由什么导致的货物损失。本案例中风险损失是由于船公司对船员的管理不当造成的，即责任人是船公司。其次，需要明确货物的所有权人是谁，只有货物的所有权人才有资格对货物损失进行索赔。在富丽公司换发提单之前，货物的所有权依据提单性质是属于鹏程公司的，在富丽公司取得船东提单之后，富丽公司已经是这批服装的实际所有权人。因此，索赔人只能是富丽公司，索赔的对象只能是船公司。为避免运输途中的风险导致货损，建议出口商作为托运人应尽量向保险公司投保与货物特性及运输路线相匹配的险种，以最大化降低损失可能性。

案例1-6 跨境电子商务知识产权侵权案件高发

速卖通卖家小楚，收到速卖通的邮件通知：新上架的一款产品涉嫌侵犯商标权，已经被平台下架处理了。而投诉方为该商标权所有人时代华纳娱乐公司。

小楚找到关于这款产品的案件详情。这款产品是哈利·波特系列影视作品中出现的一款项链。具体来看一下这款产品的详情页（图1-6）。

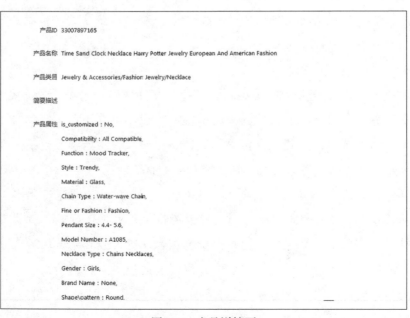

图1-6 产品详情页

产品标题用了"Harry Potter",但是"Harry Potter"已经被起诉方时代华纳娱乐公司注册。图1-7为品牌方出具的商标注册证。

图1-7　Harry Potter商标注册证

因为确实是小楚缺乏知识产权保护意识,导致这款商品上架售卖,相关的申诉理由都不成立,时代华纳娱乐公司只能放弃申诉。好在本次知识产权侵权对小楚来说属于初犯,平台不予扣分,只是对该产品做了下架处理。

同时关于Harry Potter商标权,我们来了解最近的一场关于这个商标权的恶意抢注事件。

一、基本案情

第18436154号哈利·波特及图商标(以下称争议商标)(图1-8)由江川辉胜商务有限公司(以下称被申请人)于2015年11月26日提出注册申请,2017年1月7日获准注册,核定使用在第5类"医用营养食物、营养补充剂、婴儿食品、婴儿奶粉、婴儿尿裤、婴儿尿布、人用药"等商品上。时代华纳娱乐公司(以下称申请人)

图1-8　哈利·波特Halibote及图商标

于 2017 年 9 月 21 日对争议商标提出无效宣告请求。申请人认为争议商标的注册损害了申请人对 Harry Potter 及其中文译文哈利·波特享有的知名商品（电影）特有名称权益和商品化权，违反了《商标法》第三十二条的规定，请求依法予以无效宣告。被申请人在规定期限内未予答辩。

二、裁定结果

经审理认为，申请人是哈利·波特系列影视作品的出品方，根据申请人提交的在案证据可以证明在争议商标申请日前，哈利·波特系列小说及电影已经在中国进行了广泛的宣传、播放，并具有较高知名度。"哈利·波特"作为上述哈利·波特系列影视作品中的主角名称也因此为相关公众所熟知，其知名度的取得是申请人创造性劳动的结晶，也是申请人投入大量劳动和资本所获得的，由此带来的商业价值和商业机会应为申请人享有的合法权益，并受到法律保护。而争议商标的显著识别文字与申请人的上述知名影视作品中的主角名称哈利·波特完全相同，考虑到实践中，利用影视作品名称、重要成员名称等进行商业衍生商品或服务开发已经成为现实且普遍的现象，争议商标核定使用在"营养补充剂、婴儿食品、婴儿尿裤"等商品上，容易使相关消费者误认为上述商品与申请人赖以知名的系列影视作品哈利·波特相关或者已经获得了其授权。因此，争议商标的注册使用可能会不正当地借用申请人基于其系列影视作品而享有的商业信誉，挤占申请人基于其系列影视作品而享有的市场优势地位和交易机会，损害申请人基于其系列影视作品中的主角名称而享有的在先权益，已构成《商标法》第三十二条规定的损害他人现有的在先权利之情形。另外，知名商品特有的名称，是指知名商品独有的与通用名称有显著区别的商品名称。本案中，申请人提交的证据不足以证明其哈利·波特名称在争议商标核定使用商品"人用药"等同一种或类似商品上构成知名商品的特有名称。据此，申请人该项主张缺乏事实依据，不予支持。

（资料来源：湖北楚马教育咨询有限公司）

启发性思考题

1. 跨境电子商务侵权案件频发，目前主要集中在哪些领域？
2. 跨境电子商务企业如何避免知识产权侵权？
3. 最新研发的一款产品，市场上还没有，适合不适合申请外观专利？
4. 在日常生活中，像麦肯基这种抄袭肯德基商标的，你见过吗？请举例。
5. 你的文章、朋友圈、微博、设计图、照片、原创歌曲等作品被人抄袭过吗？如果遇到这种情况，你会如何去维权？

知识产权：知识产权包含四个部分，即商标权、版权、外观设计专利权和发明专利权。

（1）商标权（trademark）。未得到产品品牌官方的正规授权，擅自使用对方的商标或 LOGO。

（2）版权（copyright）。通常指侵犯作者的著作权，如迪士尼卡通人物、国内外著名动漫、独特的设计图案乃至包装图案，这类情况在跨境电子商务中甚为普遍。

（3）外观设计专利权（design patent）。是指对产品的形状、图案、色彩及三者结合的新设计。常见为具有创意的首饰、个性的工艺摆件及相关外贸商品，相似度达 60% 以上就有可能被判定为侵权假货。

（4）发明专利权（utility patent）。主要是指对原创的产品及设计理念的独占保护，保护范围极大，只要相关理念一样的均属于仿冒产品。

跨境电子商务降低了出口贸易的门槛，为中国大大小小的出口主体创造了新机遇。随着跨境电子商务出口产业在全球贸易中比重的增加，各国及各大电子商务平台之间的竞争也愈发激烈，知识产权保护成了当下备受关注的问题。

在很长一段时间里，盗版、侵权时有发生。随着跨境电子商务异军突起，越来越多的中国制造乘势出海，但在重视专利、知识产权的欧美市场，中国制造却频频遭遇"围堵拦截"。比如，做亚马逊平台的，需要企业提供注册成功的商标进行平台品牌备案，热门产品跟卖容易被投诉，仿造热销产品经常被告外观专利侵权，有些账户被冻结后账户余额甚至会被直接转给商标权利持有人。在国家专利申请、商标注册等有关涉外知识产权问题上，中国的跨境电子商务卖家们明显经验不足，在跨境电子商务买卖中屡屡遭遇挫折，损失惨重。而相对应的，各大第三方跨境电子商务平台如 Wish、亚马逊等却在不断地出台平台规则、政策去打击各类侵权行为。

相比传统外贸，跨境电子商务在建立客户关系、寻找货源和委托物流运输等各方面都具有更高的便利性，使得人人都有机会参与跨境贸易。近年来，在国家鼓励创新创业创优的号召下，大量的创业者涌入跨境电子商务行业，部分卖家缺乏知识产权意识，在选品的时候往往会选爆款和热卖款，而热卖产品往往都有相应的知识产权保护，贸然跟随售卖往往会导致侵权。所以，提高跨境电子商务的知识产权保护意识已经成为国际贸易中最重要的内容之一。

跨境知识产权保护是一个庞大的系统工程，现阶段我国跨境电子商务发展面临境内知识产权保护壁垒、境外知识产权维权困境的双重压力，想要做到跨境电子商务企业产品经营不侵权以及自营品牌不被他人侵权，需要从宏观和微观两方面采取有效的措施。

一、宏观层面上，急需建立跨境知识产权保护机制

一方面，国家应积极督促国内跨境电子商务平台构建知识产权自治规则，对跨境电子商务企业建立以事前预防侵权、事中解决纠纷、事后有效惩处为方向的知识产权保护机制；另一方面，政府和大型跨境电子商务企业（如阿里巴巴集团等）在国际协调方面要更加积极主动，不断加强与他国规模化电子商务企业以及世界贸易组织、世界知识产权组织等国际组织的合作，推动构建世界电子贸易平台（eWTP）。通过参与双边、多边国际条约的签订，在世界范围内推动形成跨境电子商务知识产权保护新规则，从而加快抢占跨境电子商务未来发展制高点。同时，加强对跨境电子商务维权典型案例的总结宣传，强化维权培训，增强国内跨境电子商务企业的维权信心。政府监管上持续加大对跨境知识产权保护领域的改革力度和工作创新，积极建立与跨境电子商务相适应的新型知识产权风险与对应的政策体系和工作机制。特别是对于国内成功的立法实践，应进一步通过国际化宣传与交流合作，推动形成新的全球化跨境知识产权规则。

二、强化知识产权意识

现阶段跨境电子商务的迅速发展，很大一部分原因是产品价格低廉，企业在以价格取胜的同时往往容易忽视知识产权风险。一方面，部分跨境电子商务卖家贪图短期利润，主观上故意去售卖侵权产品；另一方面，跨境电子商务卖家对知识产权侵权的法律意识不到位，虽无主观故意，但客观上所售商品构成侵权，因侵权导致的损失与日俱增。因此，跨境电子商务经营者首先务必从思想意识上改变认知，提高对侵权危害的认识，坚决杜绝为了短期利益而不顾侵权可能带来风险的明知故犯行为。其次，卖家对售卖的商品要严格把关，选品时确保与供货商仔细沟通货源细节，确认是否还供货给不同卖家同一款商品，以免因平台上销售不同牌子的产品相同而出现侵权起诉。同时，向供货商或工厂咨询清楚其是否是所供货物的实际专利权人，防止货源本身就是仿造别人产品的情况出现。在商品上架前，有条件的企业最好聘请商品进口国的律师对该商品在进口国的专利权限进行风险预警分析，给出专业建议，最大程度地避免

知识产权侵权风险。

三、打造自有品牌

企业一旦有涉嫌侵权行为,就很容易卷入诉讼。想在跨境电子商务道路上走得长远,就一定要注重产品的创新,不断对产品进行改革,开创自己独有的产品,并及时对产品做好专利保护,注重自有品牌的打造和维护。唯有如此,才能切实做到不侵权的同时最大化保障自己的利益。亚马逊每年进行的几次平台大抽查,都会导致大量的卖家账户被关闭。从被关店的卖家收到的邮件来看,被关账户的原因基本都是侵权和跟卖、卖家无品牌随意写一个品牌在上面、卖家无注册商标但销售的产品有LOGO等。不难看出,如今没有品牌的账号在亚马逊这样的大电子商务平台上受到了越来越多的限制,由此可见品牌的重要性。

四、重视知识产权,注册国际商标、申请国际专利

注册商标和申请专利要趁早,很多企业在开辟国际市场时没有及时注册国际商标,以致国际商标抢注案件频频发生,严重影响了企业进军国际市场的发展和规划。在注册商标时应谨记商标有地域限制,中国的商标在英国没有法律效力,同样,在英国注册了商标也不意味着在中国就可以受到法律保护。一些国际知名的商标品牌在进驻中国市场时一样遭遇到没有及时注册国际商标而遭抢注的情况,被迫在中国市场更名,给企业进军中国市场带来了很大的阻碍。例如,知名日本品牌"无印良品",被中国商家抢注,其在中国市场售卖后被中国法院判决赔偿中国无印良品经济损失50万元,而且以后也不能使用"无印良品"这个称号,不得不改名为"MUJI无印良品";大家熟悉的安耐晒,因为被抢注了商标,只能在中国市场上更名为安热沙,因许多消费者对事实真相不清楚,导致仿品热销、正品市场份额流失。目前我们通常所说的商标国际注册,指的就是马德里商标国际注册,即根据《商标国际注册马德里协定》的规定,在马德里联盟成员国间所进行的商标注册。需注意,国际注册并不能产生专用权,换言之,注册人的商标并不能直接在成员国受到保护。只有当注册人申请要求在某个成员国得到保护,且被请求国的商标主管机关在规定的期限内没有驳回其保护要求时,该国际注册商标才能在该国享有同本国注册商标同等的权利。

本案例中,哈利·波特商标属于时代华纳娱乐公司,是其投入大量劳动和资本所获得的成果,理应享有该商标所带来的市场收益权益。任何跨境电子商务卖家在任何电子商务平台销售未经授权的任何标题带有"Harry Port"或是"Harry Port"影视作品的产品,时代华纳娱乐公司都有权起诉。如图1-9所示的产品,均将被移除,禁止售卖。

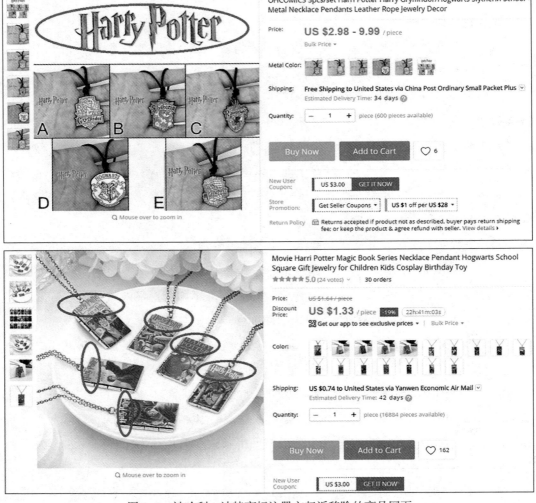

图 1-9 被哈利·波特商标注册方起诉移除的商品网页

另外，还应特别注意，对于一般影视作品、动漫作品，里面的人物形象和出现过的饰品、服装等，都由版权出品方申请了知识专利产权。对于这类产品，广大的跨境电子商务卖家一定要规避。同时，类似案例中的恶意抢注事件，在跨境电子商务行业时常发生。对于品牌卖家来说，一定要确保自己的品牌在国内和商品销售目的地国家都已注册到位，以免被人抢注，导致品牌优势受到削弱。

知识产权是没有硝烟的战场，是每个跨境电子商务卖家务必要关注的领域。每一个跨境电子商务卖家既要避免侵权导致被起诉的风险，又要懂得如何防范自有商标被侵权；不仅要了解和掌握国内的知识产权相关知识，同时也要具备全球知识产权意识。

今天大家熟知的安克（Anker）、蓝弦（Bluedio）等企业，把中国制造真正变成了中国质造，通过跨境电子商务平台输送，在国际市场上得到海外广大买家的喜爱，形成了有影响力的中国品牌，在跨境电子商务领域成功地开疆拓域，所向披靡，这正是它们尊重知识产权、遵循市场规则所换来的。

案例1-7 遭遇钓鱼执法该如何应对？

速卖通卖家小楚的店铺产品被下架1578款产品，仅剩8款产品在售。截至目前，所有产品均被下架（图1-10）。

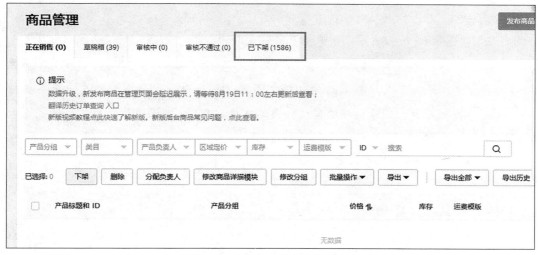

图1-10 小楚店铺商品管理页

作为一名专业卖家，小楚凭直觉猜测，这么严重的处罚，极有可能是店铺存在严重的知识产权侵权问题导致的。小楚赶紧查看是否有邮件通知，并查看店铺的违规记录，找到最近的一个违规案件，编号为14364771951，小楚点开详情查看相关事宜（图1-11）。

详情如下。

尊敬的客户：

因收到美国法院在知识产权侵权诉讼案中颁布的命令，平台知悉贵司是被告之一。命令指明贵司因涉嫌侵权而被勒令停止一切侵权行为。平台遂根据命令的要求及平台相关的协议/规则/政策的权力［包括但不限于贵司于速卖通开通用户账户时同意的

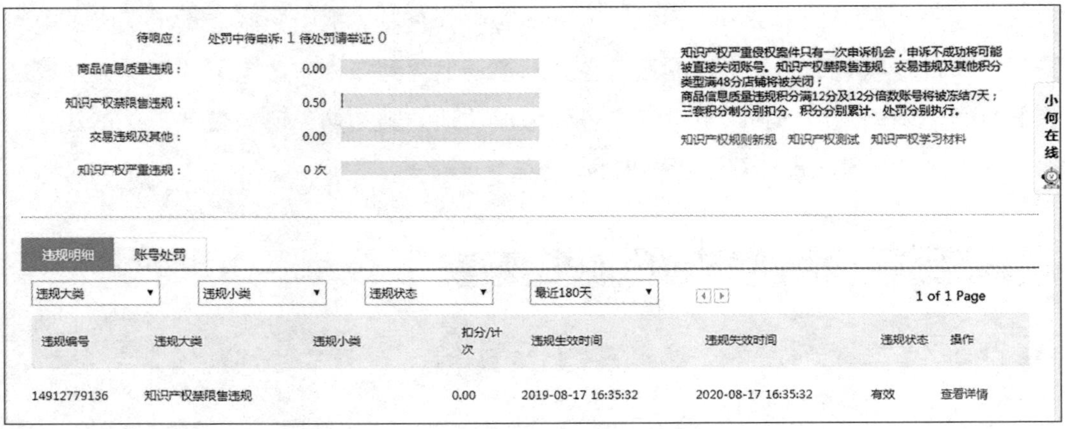

图 1-11 小楚店铺违规记录页面

《使用条款》(Terms of Use)、《免费会员协议》(Free Membership Agreement)，以及有关的《知识产权保护政策》(Intellectual Property Rights Protection Policy) 与《全球速卖通知识产权规则》]执行限制措施包括但不限于：冻结贵司速卖通账户中截至冻结当天的全部美元资金、删除被指明侵权的产品链接，及/或全面清理贵司阿里巴巴速卖通的旺铺。

建议贵司关注您的注册邮箱以进一步了解被执行的限制措施及命令的内容。我司保留一切依据命令、法院进一步的裁决，或平台协议/规则/政策等而采取其他适当措施的权利，不另行通知。

贵司需要先解决该诉讼才可以解除对速卖通账户中上述美元资金的冻结。如贵司在美国法院胜诉或与权利人达成和解并满足了和解条件，请要求权利人代表通知平台有关和解事宜并同意解除冻结。

若贵司对该诉讼有任何疑问，请贵司寻求独立法律意见：https://files.alicdn.com/tpsservice/ec3335aae484eaade822e438fde75c15.pdf。

或直接联络权利人代表了解。请贵司明白，平台作为第三方，法院不会向平台透露进一步的信息，平台亦不合适给予贵司任何法律建议。谢谢贵司的理解与合作。

特此通告

阿里巴巴速卖通

通过这封邮件内容，小楚对这件事的来龙去脉有了大致了解。同时经查实，店铺的资金已经被冻结。结合店铺的情况和这个案件详情，情况如下：①小楚是被美国法院关于知识产权侵权问题起诉了。平台根据这个起诉，依据速卖通对于相关知识产权侵权的规则，对店铺的产品全线下架，并且冻结资金。②想要解冻资金，必须要和美国法院打官司，胜诉或与权利人达成和解并满足和解条件。③这件事情，如果处理不好，极有可能导致速卖通店铺被关闭，无法继续经营的后果。

像这样的知识产权侵权案件，需要请境外律师协助，但是美国律师是按小时收费的，通常一小时300~450美元，一般卖家没那么多时间和金钱耗在上面，只能自己认栽。少数卖家被冻结的资金数额巨大，才苦苦坚守，据理力争。万幸这个新店铺的资金不到500美元，如果损失了，还是可以承受的，但是如果因此被关闭店铺，这个损失就比较严重了。

小楚到目前为止，还是不知道是哪一款产品因侵权被告，仔细回想店铺日常经营的细节，并查看阿里巴巴提供的辩护律师地址，如图1-12所示，小楚想起来了这件事很有可能就是一个常见的跨境电子商务伊利诺伊州经典骗局。

小楚在上个月处理订单的时候，发现了一张来自伊利诺伊州的订单，客户下订单的产品款式类似香奈儿。当时小楚就有点担心，本想让客户取消订单，因为联系不上客户，怕这笔订单变成成交不卖的订单，小楚只好先发货，想后期再下架这款产品。然而因为店铺运营人员的疏忽，这款产品因为卖得比较好，没有及时下架该款产品。事发到现在一个月的时间，已经被起诉了。

（资料来源：湖北楚马教育咨询有限公司）

以下辩护律师至少曾经一次在伊利诺斯州北部地区法院代表中国在线销售商。此列表仅供参考，并不代表对其辩护律师服务的认可或推荐，也不构成对您法律事宜结果的任何担保、保证或承诺。用户可以根据自己的意愿自由地聘请任何辩护律师，不管他们是否被列名于此列表。建议用户在选择任何辩护律师之前根据自己的独立情况考虑并进行自己的独立研究。

Cathleen Huang
(https://www.bowlesverna.com/about-the-practice/about-our-attorneys/cathleen-huang)
Bowles & Verna, LLP
2121 N. California Blvd., Suite 875, Walnut Creek, CA 94596-8180
(925) 935-3300
Email address: chuang@bowlesverna.com

Depeng (Edward) Bi
(https://sherinianlaw.net/naperville-chicago-attorneys/edward-bi/)
The Law Offices of Konrad Sherinian, LLC
1755 Park Street, Suite # 200, Naperville, Illinois 60563
180 N. LaSalle Street, Suite #3700, Chicago, Illinois 60601
(630) 318-2606
Email address: ebi@sherinianlaw.net

图1-12　阿里巴巴提供的辩护律师地址

启发性思考题

1. 如何辨别钓鱼式打假？
2. 遭遇钓鱼式打假时该如何应对？
3. 怎样预防或杜绝钓鱼式打假的发生？

 案例指引嵌入知识

钓鱼执法：钓鱼执法在英美叫执法圈套（entrapment），是指在法理上，当事人原本没有违法意图，在执法人员的引诱之下，才从事了违法活动；在行政执法上，与刑事侦查中的"诱惑侦查"，或者叫"诱惑取证"类似。

根据本次案件，这极有可能是跨境经典骗局。美国伊利诺伊州有关于知识产权相关的法律，凡是举报知识产权侵权成功的话，则可以得到被冻结账户的和解金。正是这种法律规定，助长了本地人对这种骗局的狂热追求，且屡屡得手。

早些年的骗局是这样的：骗子先在卖家的店铺查找卖家店铺类似侵权的产品，或者是询问卖家是否可以做大牌的仿款，也可能是款式与一些国际品牌近似，表示要大量采购，但他们并不会在线上直接付款，而是通过聊天工具或者是邮件的形式，附上图片或者是产品链接，表示愿意购买此款产品，但只接受 PayPal 付款。一般卖家喜欢这种大单，尤其是不熟悉这种骗局的卖家，很容易掉以轻心，给出 PayPal 账号。一旦给出了 PayPal 账号，骗子就会联合品牌商，去当地法院起诉你。卖家会收到来自 PayPal 的禁令和品牌商的律师函。而最可疑的基本上所有侵权邮件都是来自同一个发件人／律师事务所，同一个邮箱地址（attorney@gbcinternetenforcement.net）和同一家公司网址（http://gbcinternetenforcement.net/）（图 1-13、图 1-14）。卖家去联系 PayPal 后台客服，他们坚持声称是根据法院的命令冻结的，和 PayPal 公司没有关系。但是美国的联邦法院也仅能冻结企业以及政府在美国境内的资产，卖家都是在中国境内注册的 PayPal 账户，美国一个州的法院还能冻结我国卖家在中国境内的资产？如果一个州的法院可以冻结海外资产，还需要联邦法院甚至国际法庭做什么？对于这种事情，我们将其归结为是 PayPal 和美国地方流氓有组织、有预谋地针对中国卖家的勒索行为。

而今天小楚碰到的骗局似乎变得更加简单了。因为从 2018 年开始，PayPal 和速卖

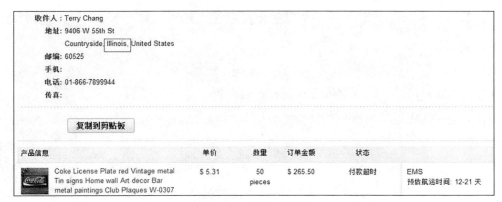

图 1-13 发件人地址

图 1-14 收到的钓鱼邮件

通继续开展合作,在速卖通上允许使用 PayPal 付款。现在都不需要知道卖家的 PayPal 账户,直接在平台上购买一个仿款,然后向当地法院起诉,通过法院和平台对接上,平台根据规则就可以冻结卖家的账户了。

对于一般的卖家而言,请律师跨国打官司费用非常昂贵,很有可能高于被冻结的资金。很多卖家最后会选择根据 PayPal 账户给出一定比例的资金作为和解金,息事宁人。而骗子就是为了骗取和解金才费尽心思,环环相扣地套路卖家,并屡屡得手,让许多跨境卖家蒙受欺骗,损失惨重。这种骗局至今还在不断发生。规模性的跨境电子商务企业若遭遇此情况,最好聘请专业的知识产权律师真正深入地了解跨境电子商务知识产权和支付安全问题。而中小型跨境电子商务企业遇到这样的跨国诉讼的最佳方式就是抱团,正所谓"三人行必有我师""众人拾柴火焰高",单打独斗难免势单力薄,个体的中小型企业无论是资金实力还是获取信息的能力都很有限,难以取得维权诉讼的最终胜利。因此,对绝大多数的中小型跨境电子商务企业来说,要学会积极融入行业互助团体,资源共享、信息互通,利用行业和协会的优势,积极应诉取得诉讼的主动权。

以下是就速卖通上中小卖家如何避免侵犯他人知识产权问题给出的一些策略和建议。

（1）如果您的产品含有某公司品牌或商标，则您的产品必须由该公司或由该公司授权的生产商制造，否则产品即存在侵权的可能性。

（2）全球速卖通尊重和保护知识产权，在全球速卖通平台发布任何品牌产品信息，都请您先将相关授权许可证明发送至邮箱 sellerproducts@aliexpress.com，并注明公司名称和会员号（Member ID），待证明文件被全球速卖通验证后，此类信息方可正常发布。

（3）请您对照速卖通规则频道首页的《品牌列表参考》，但需注意《品牌列表参考》并未涵盖所有受保护的知识产权品牌，仅供您参考。并且知识产权除了商标权之外，还包括专利权和著作权。

（4）多使用图片搜索功能，针对产品图片上的文字和LOGO，但凡是不认识的，最好提前排查一下。一旦涉嫌侵权，一定不能上架或者是及时下架并删除该产品。

（5）尽量汇总该行业中的国际大牌，并形成文档或者表格，对员工进行培训，开发或者上架产品的时候，规避品牌仿款。

案例练习1　托收安全吗？

托收，包括付款交单（D/P）和承兑交单（D/A），是对外贸易常用的支付方式之一，从出口商的角度来看，其风险程度介于信用证和后T/T之间。由于托收属于商业信用，出口商能否安全收汇，完全依赖进口商的商业信用，因此其中所隐藏的风险不容小觑。

2020年，一场突如其来的疫情席卷全球，各国纷纷采取强制性限制措施，导致2020年世界GDP总值下滑3.5%，是第二次世界大战以来全球经济最糟糕的一年。但危机中也孕育生机，对某些行业的跨境电子商务经营者来说，恰恰是其丰收年。疫情加速了"宅经济"时代的到来，而全球各地防护隔离措施进一步刺激了"宅经济"文化，使得部分娱乐放松、居家休闲等电子商务商品成交订单激增。福建莆田的年轻小伙子崔立，一直摸索亚马逊平台店铺运营流程，主打销售一款指尖变形球玩具，适合小孩和成年人随时随地变形组合，有益智和放松心情的功效。疫情期间，该商品订单量非常可观，也吸引了菲律宾的一个大客户，欲成交金额达40万元人民币，对方要求按网上单价打七五折，使用CIF贸易术语，以D/P即期付款交单方式支付。然而双方合同签订后，由于菲律宾疫情得到较好控制，菲律宾国内同类商品价格也随之降低，人们对此类玩具需求减少。

但莆田的年轻小伙子却早已加班加点采购、包装、打包并联系好货代,出运了货物,备好全套单据,打算委托银行办理货款托收。但由于金额较大且需求减少,菲律宾客户拒绝付款赎单,最终货物到达马尼拉港以后只得暂时存放在码头。因第一次找货代走海运到马尼拉,也未事先找好目的港的代理人,一时之间崔立手足无措,只得请货代帮忙把货物运回来,浪费精力和时间不说,还损失了货代委托费、来回运费和事先预支给工厂的采购成本,同时还要找地方储存这些运回来的玩具,且不知道什么时候才能卖完。

思考:

跨境电子商务卖家使用 D/P 能否安全收回货款?为什么?

案例练习 2 "苹果",把"梨"给告了!

2020 年 8 月 10 日,苹果公司对应用程序 Prepear 发起诉讼,因为苹果公司认为该程序的梨形徽标设计与苹果公司的 LOGO 过于相似,侵犯了苹果公司的品牌。在诉讼文件中,苹果公司声称,Prepear 公司的梨形徽标将"导致苹果徽标的独特性受到削弱",并使消费者难以区分 Prepear 公司和苹果公司的商品和服务,认为这违反了《兰纳姆法案》。

Prepear 是一款帮助用户发现食谱、计划膳食、制作清单和安排超市送货的应用程序,该公司只有 5 名员工,属于小型企业。为了应对苹果公司发起的诉讼,该公司的联合创始人 Russell Monson 还在请愿网站 Change.org 发起了请愿活动,请求网友支持 Prepear,让自家公司能够保有商标,并协助停止大企业滥用自身权力地位对如 Prepear 等小企业穷追猛打的霸凌行径。此事引发了网络热议,苹果公司这种蛮横的行为引起大家的强烈不满,此请愿书最终得到了约 27 万名网友的支持。

2021 年 3 月,案件有了新的进展,这家被告创业公司已经和苹果公司达成和解,将修改梨形商标,Prepear 对梨子图标做了部分改动,梨子的整体轮廓没有太多变化,为了和苹果图标的叶子有更明显的差异,调整后的梨叶图案变成了半圆形(图 1-15)。Russell Monson 声称公司及应用程序将全面更替新版图标设计,同时对于和苹果公司达成的和解方案也很满意。

苹果公司和 Prepear 公司关于商标保护的例子确实很荒谬,虽说是友好地协商解决了此事,但也不难看出"梨"做出的妥协,毕竟胳膊拧不过大腿,修改叶子保平安(图 1-16)。

图1-15　调整前（左）和调整后（右）的梨形商标

图1-16　叶子对比

这并不是苹果公司第一次针对外观相似的LOGO提起法律诉讼，2019年它向挪威专利局发送了反对书，认为挪威进步党（Fremskrittspartiet）的苹果LOGO与自己的LOGO非常相似。

它还反对德国自行车比赛Apfel Route的LOGO，该LOGO同样使用了苹果元素做设计。因为该比赛途经一块非常大的苹果种植生产区域，所以在设计比赛LOGO的时候才将线路和苹果结合起来。

（资料来源：改编自网络信息）

思考：

1. 如何看待大公司对自身品牌的控制力？
2. 跨境电子商务卖家怎样避免知识产权侵权？

案例练习3　跨境电子商务选品不知道是否遇到专利侵权，如何破？

很多卖家在选品的时候会遇到产品专利的问题。前几年，大家更多地将精力放在商品外观这个话题上，接下来，商标专利肯定会成为一个新的战场。那么，作为跨境电子商务卖家，我们通过研究竞争对手、分析平台销售数据得到了一个不错的产品，放到平台销售，高高兴兴上架产品，两三天后就收到店铺被封的"小红旗"邮件，这种痛，谁懂？

思考：

如何查询各个国家或地区的专利数据？以美国为例，如何查询专利？

案例练习 4　可以接受这样的信用证吗？

某市中国银行分行收到菲律宾某银行电开信用证一份，金额为 100 万美元，贸易术语 FOB Shanghai，购花岗岩石块，目的港为安蒂莫纳。信用证中有下述条款。

（1）运输货物的船只，必须是 A、B、C 三家船公司中的任意一家。

（2）原产地证书必须由中国商务部签署。

思考：

该信用证可不可以接受？

[1] 吴建功，孙继红. 国际贸易案例分析指南 [M]. 长沙：国防科技大学出版社，2006：138.

[2] 辛宪章，刘霖. 国际贸易案例精选精析 [M]. 北京：中国社会科学出版社，2008：176-178.

[3] 中国电子商务研究中心. 两会代表陈乃科：呼吁制定跨境电子商务知识产权保护新规则 [EB/OL]. [2018-03-14]. http://b2b.toocle.com/detail--6440593.html.

[4] 雨果网. 跨境电子商务选品不知道是否遇到专利侵权，如何破？[EB/OL]. [2017-05-05]. http://www.cifnews.com/article/25686.

[5] 高帆. 跨境电商环境下跨境物流的潜在风险及防范：以万邦速达国际物流公司为例 [J]. 对外经贸实务，2020（7）：77-80.

项目 2
跨境电子商务不可抗力因素风险

学习目标

1. 国家或地区发布的跨境电子商务相关政策引起的风险及其防控措施。
2. 国家间（或国家与地区、地区与地区间）关系变动导致的跨境电子商务风险及其防控措施。
3. 黑天鹅事件的爆发引起的跨境电子商务风险及其防控措施。

能力目标

1. 逐步培养起跨境电子商务交易的不确定性风险危机意识。
2. 通过对交易风险的正确认识和辨析，掌握应对跨境电子商务风险的能力。
3. 在对交易风险的认识和分析能力提高的基础上，最终掌握防范跨境电子商务风险的能力。

项目 2　跨境电子商务不可抗力因素风险

思政目标

1. 培养学生们对法律规则的重视态度，理解法律规则的重要意义，明白社会生活中规则约束的必要性。

2. 学会关心国际时事，了解我国同其他国家间的历史渊源以及当下国家间关系的发展态势，认识个人利益同国家命运密不可分的现实。

观念更新

在学习本章案例之后，学生能够对国家关系变动、跨境电子商务政策法令的变动等带来的跨境电子商务风险有较深入的了解，对这些不确定性因素导致的跨境电子商务风险及风险防范措施有更深刻的认识，同时提高因地制宜分析问题、提出针对性解决方案的能力。

基本教学组织方式

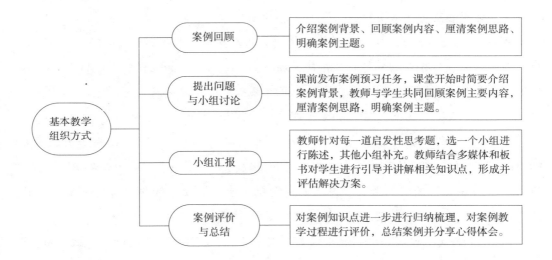

案例 2-1　电子商务征税"改写"零售新格局，对中国卖家有什么影响？

随着电子商务的发展，各国基于线上线下公正、国内经济结构调整等角度纷纷制定政策，对电子商务企业或经营者征税。

一、东南亚多国计划对电子商务征税,向欧美看齐

东南亚各国政府准备对电子商务销售征税,希望从其最具活力的增长引擎之一获得财政收入。计划或考虑征收此类税收的国家包括新加坡、泰国和马来西亚等。对在线销售征税,并将在线零售商与它们的实体同行置于公平的竞争环境之中。

贝克·麦时国际律师事务所 Baker & McKenzie 的亚太税收业务集团主管斯蒂文·赛克(Steven Sieker)表示:"在东南亚国家联盟地区,各公司目前面对着不同的税制,在有些情况下根本就没有征税制度。该地区的多元化以及不确定的法律环境仍然是许多本地和外国公司面临的主要挑战之一。"

二、亚马逊再发新规,电子商务征税势在必行

拜登于 2021 年 1 月 20 日宣誓就任美国总统,在其上任的第三天,就提出一项提案,对利润为 1 亿美元的缴纳很少或不缴纳所得税的公司,征收最低税率为 15%,而 2019 年亚马逊的有效税率为 12%,提高了 3 个百分点。该项计划还包括将整体法定税率从 21% 提高到 28% 的提议,据有关人士意见:这可能比拜登的其他税收计划更具挑战性。事实上,2020 年在还是总统候选人的时候,拜登就曾公开表示亚马逊"应该开始纳税"。因此,此次提案也被戏称为"亚马逊税"。如果征税计划真的实施,那么亚马逊就得向政府缴纳税收。以贝索斯一贯的商人风格,必定会把多出来的 3% 税款通过提高平台销售佣金的方式转嫁给平台卖家。

早在 2018 年 10 月,部分卖家已经收到亚马逊发来的关于加利福尼亚州税务局要求亚马逊卖家提供税号的邮件。该邮件强调,亚马逊收到了加州税费管理局(CDTFA)的有效且具有约束力的法律要求,要求亚马逊披露平台卖家在 2017 年的两项相关信息,包括:①联系信息(姓名、地址和电子邮件)。②美国纳税人识别号码。

亚马逊方面表示,为了履行其法律义务,其计划在 2018 年 11 月 6 日之前向 CDTFA 提供这些信息。目前,在加州登记和报税的卖家已经在加州的税务申报文件中提供了有关其在亚马逊业务的信息。而因为每个卖家的业务和税务需要都是独特的,亚马逊建议卖家咨询税务顾问去对本次事件进行处理。

根据 CDTFA 的数据,加州每年因部分销售渠道和在线销售渠道的税收缺少而损失约 15 亿美元。

三、印度尼西亚将对电子商务企业征税

2019 年 1 月 14 日,印度尼西亚财政部发表声明,将出台新规要求电子商务卖家与印度尼西亚政府共享用户数据,并强调电子商务卖家必须纳税,该新规于 2019 年 4 月实施。印度尼西亚财政部发言人 Hestu Yoga Saksama 表示,该新规适用于印度尼西亚

所有电子商务平台运营商，包括 Lazada、Tokopedia 和 Bukalapak 等，且所有电子商务平台的运营商需向有关部门详细报告每个卖家的营业额。此外，印度尼西亚税务部门表示，营业额达 48 亿印度尼西亚盾（合 33.994 3 万美元）的电子商务卖家都必须向客户收取增值税（value added tax，VAT），并缴纳给印度尼西亚当局，且如果中小电子商务卖家预计需缴纳营业额 0.5% 的所得税，大企业则需缴纳 25% 的企业税，该收税标准与印度尼西亚传统零售商一致。据了解，CNBC 印度尼西亚台报道，印度尼西亚电子商务协会严厉指责了印度尼西亚政府的电子商务新规，并呼吁政府推迟新规的实施，给相关卖家和企业更多的准备时间。

该协会指出，新规仅针对在电子商务平台上运营的电子商务卖家，而据其研究发现，在印度尼西亚只有 19% 的在线卖家专门在电子商务平台上销售产品，85% 的卖家使用社交媒体销售，或两者兼有。一旦新规出台，卖家将有可能为了逃税转向社交媒体平台。

四、泰国 2020 年开始对电子商务征税

泰国自 2020 年开始对电子商务征收增值税，目标是每年征收 30 亿～40 亿泰铢（合 0.98 亿～1.31 亿美元）。亿邦动力此前报道，在 2018 年上半年，泰国内阁就已批准了对"税收法"的修订草案，对所有电子商务交易征收增值税。

泰国的电子商务正在蓬勃发展，2018 年，泰国的电子商务市场规模预计达到 35.4 亿美元（约合 238.688 亿元人民币），2018—2022 年的年均复合增长率为 13.2%，并在 2022 年达到 58.3 亿美元。根据该速度泰国在 2020 年超过新加坡，跃居东南亚第二大电子商务市场。

另外，泰国电子交易发展局（Electronic Transaction Development Agency）的最新报告显示，受手机银行应用升级的推动，2017 年泰国社交媒体的销售额增长了一倍多，达到 3342 亿泰铢（合 109.2 亿美元）。

随着电子商务全面征税的推进，未来，跨境电子商务将迎来怎样的格局变化，而身处其中的平台、中国卖家又会面临怎样的命运呢？

（资料来源：https：//www.cifnews.com/article/36316. http：//www.ebrun.com/20190827/348111.shtml. http：//www.ebrun.com/20190115/316965.shtml.http：//www.ebrun.com/20181025/303156.shtml. http：//www.ebrun.com/20180122/262204.shtml.）

启发性思考题

1. 进口国政府征税对跨境电子商务卖家的影响体现在哪里？

2. 跨境电子商务如何正确定价才能更好地抵消进口国政府征税带来的风险？
3. 跨境电子商务平台怎样才能应对此类政策性风险？

案例指引嵌入知识

消费税：消费税又称价内税，是对在中国境内从事生产和进口税法规定的应税消费品消费的单位和个人征收的一种流转税，如烟、酒、汽车、高档化妆品等商品。

增值税：增值税是我国最主要的税种之一，增值税收入占到我国税收收入的60%以上。它是对商品在生产、流转和劳务服务过程中产生的增加额或附加值而征收的税。近年来，增值税起征点有抬高趋势，这对中小微企业是一大利好政策。

案例指引

过去各国网购不征收消费税，变相地为电子商务开创了一个避税天堂。而电子商务这一贸易模式的发展越来越快，不仅给各国政府造成了财政收入上的损失，在另一层面上，因为税负更少，电子商务的发展也给了传统零售业一个重击。各国新政策法案的推出打破了电子商务不征税的原则，也意味着各国电子商务的税收红利期正式结束，电子商务与线下零售业在税收政策方面将站在同一起跑线上。

一、平台处境

新税法不可避免地对电子商务平台造成影响。据了解，在2018年6月21日征收电子商务消费税的消息公布之后，美国的互联网零售商股价都有不同程度的下跌。亚马逊下跌19.86美元，报收1730.22美元，跌幅1.13%；易贝下跌约1%；Wayfair、Overstock、Etsy、Shopify均下跌超2%。而亚马逊部分卖家则认为，以亚马逊平台来看，因为亚马逊自营产品早前已经开始征收消费税，因此此次征税政策对卖家的影响不大，亚马逊平台竞价优势缺失之后，会产生一定的利润缩减，从而影响整体营收。

二、卖家处境

随着各国电子商务全面征税的推进，中国卖家跨境电子商务交易是否会受到影响？中国卖家又将面临怎样的局面？

1. 电子商务价格优势被削弱

众所周知，羊毛出在羊身上，税收说白了属于间接税，税收最终的缴纳者还是消费者。国家向跨境电子商务第三方平台征税，平台必然把该税收转嫁到商家的头上。

卖家的商品价格中包含各种成本支出，直到买家接收到购买的商品为止，其中就包括了跨境运费、进口关税和增值税等。卖家在电子商务征税浪潮下，为维持自己基本的利润率保持不变，一定会提高商品的售价，随之而来的必然是通过电子商务海外平台购入商品的竞争力也下降。随着各国对电子商务征税的启动，由于竞争力下降，出口商品成交量减少，跨境电子商务利润空间被压缩，这些最终导致出口减少，影响出口电子商务的最终生存。

同时，各国税法差别很大，即使是在同一个国家内，如美国每个州的税法也不尽相同。对于卖家而言，如果征收电子商务税，还需要看税种是消费税还是增值税，以及征收的流程是怎样的。若可以通过电子商务平台代缴，各个跨境电子商务卖家相对来说还是较为容易履行这个政策的；若是由卖家自行缴纳，报税成本无疑是增加了，对于卖家成本控制来讲无异于雪上加霜。

2. 各国效仿征税风潮

税收是国家财政的收入来源，对电子商务征收消费税和增值税等税种，在一定程度上可以增加国家的税收收入。有数据显示，美国开征电子商务消费税，将给政府带来年100亿~200亿美元的税收。另外，电子商务的强劲发展，已经严重挤压了各国实体经济的生存空间。为维护市场经济秩序的公平公正性，保护实体产业的长足发展，各国纷纷开始研究国内电子商务征税政策并推进其建立。保护本土企业、完善线上买卖税收政策、打击偷税漏税等将成为今后各国政府的重点布控方向。

近年来，伴随着各国相关扶持政策的集中出台，跨境电子商务呈爆发式增长态势。然而发展过程中，企业还同时普遍面临品牌效应弱、融资难、海外市场拓展渠道难寻、成本高昂、不熟悉当地法律法规及人文情况、人才短缺、业务开展难度增大、盈利难以达到预期且风险高等一系列问题。当前，全球电子商务仍旧处于高速增长的状态，而对于变幻莫测的市场，卖家今后的竞争力已经不完全是对价格的掌控，对此卖家应该如何积极应对呢？

一、全渠道布局

部分电子商务市场已经相对成熟，如美国和欧洲一些国家的电子商务市场，对于卖家而言，这类市场并不是完全没有空间，主要是其增长幅度正在慢慢降低。卖家应尽早开辟新的市场，学会多渠道布局，实现目标市场的多元化，以便有效地规避跨境电子商务经营中出现的这种税收等政策性原因导致的一国市场竞争力下降，从而使整个企业受困的情况出现。东南亚市场、中东市场、印度市场以及俄罗斯等新兴市场保持着高速增长态势，中国卖家需抓住机会，将此前的拓展欧美市场电子商务之路在这些新兴市场再重走一遍。

另外，未来电子商务大卖家可能将面临一个全渠道的问题，线下零售依旧占据整个零售市场的主导地位。随着线上成本以及政策压力越来越大，线上线下结合成为趋势。电子商务因为品类丰富，可以在特定的市场进行试品，一旦试品成功就可以帮助卖家抢占线下市场。

二、重视合规化

随着国际形势不断变换，合规将是接下来卖家出口尤其需要重视的方面。卖家需要增加对国际贸易的合规经营、海外市场税务政策等方面的了解。不要做消费国当地政府政策不允许的事情，如偷税漏税等。如今各个国家对跨境电子商务进口商品国内销售税收的监管力度逐步提升。不仅欧美国家，东南亚各国也开始关注电子商务税收法规问题，因此过去那种"合理避税"的法子尽量不要去触碰。例如，我国《关于完善跨境电子商务零售进口税收政策的通知》（财关税〔2018〕49号）中税收政策调整主要有如下两项（图2-1）。

（1）上调跨境电商零售进口商品单次交易限额至5000元，年度交易限额上调至26000元。

（2）低于26000元年度限值，且订单下仅一件商品时，按货物税率全额征收关税和进口环节增值税、消费税，交易额进入年度交易总额。

	试点初期阶段	快速发展阶段	全面发展阶段
商品范围	个人生活消费品（国家禁限类商品除外）	正面清单内的商品	正面清单内的商品
交易限额	"个人自用、合理数量"原则、单次限值1000元人民币、单件不可分割超1000元人民币的商品	单次限额2000元人民币，年度限值20000元人民币	单次限额5000元人民币，年度限值26000元人民币
计税方式	参照行邮税税率计征税款、税额小于等于50元人民币的，免征	按商品增值税、消费税税额的70%征收，超单次限值、累加后超年度限值的单次交易，以及完税价格超2000元限值的单个不可分割商品，按一般贸易征税	1.按商品增值税、消费税税额的70%征收； 2.完税价格超5000元单次交易限值但低于26000元且一件商品，按货物税率全额征收且计入年度交易总额； 3.年度交易总额超26000元按一般贸易管理

图2-1　2012—2019年跨境电商零售进口税收调整
（图片来源：知乎，燕语《跨境电商进口税收政策》）

三、产品为王

对于成熟的电子商务市场,大多数中国卖家目前面临的主要问题还不是消费税,而是如何在琳琅满目的商品类目下建立自己的优势类目群。性价比以及基于对消费者需求深度洞察的产品研发能力是接下来中国卖家征战全球市场的利器,在各国税收政策改革的大前提下,跨境电子商务卖家为保证市场份额和利润率,就需要优先考虑如何用产品征服消费者,提高商品市场竞争力。相对而言,中国有比较完善的供应链和生产制作能力,我们之前依赖的是以价格优势抢占市场,接下来,中国卖家必须回归产品本身,深度理解客户的需求,快速研发和设计高性价比的产品,并通过线上线下渠道结合将产品快速推向市场,这样才能赢得消费者的喜爱,使自己的产品最终在市场上占有一席之地。

案例2-2 中美贸易争端对跨境电子商务的影响

2019年8月5日,由于日前美方宣称拟对3000亿美元中国输美商品加征10%关税,严重违背中美两国元首大阪会晤共识,国务院关税税则委员会对8月3日后新成交的美国农产品采购暂不排除加征进口关税,中国相关企业已暂停采购美国农产品。

重要的事件盘点如下:

2017年,中美贸易中的各类摩擦已初见端倪。

2018年3月9日,美国总统特朗普在白宫正式签署了命令,表示将于15天后对进口的钢铁和铝分别征收25%和10%的关税。

2018年3月22日,美国总统特朗普签署备忘录,基于对华"301"报告,指令对从中国进口的约600亿美元的商品大规模征收25%的关税,并限制中国企业对美投资并购。

2018年4月1日,经中国国务院批准,国务院关税税则委员会决定自2018年4月2日起,对原产于美国的7类128项进口商品中止关税减让义务,在现行适用关税税率基础上加征关税。

2018年4月3日,美国政府发布了加征关税的商品清单,覆盖航空航天、信息通信技术、机械等10多个部门,将对中国价值500亿美元的商品加征25%的关税。

2018年4月4日,经中国国务院批准,国务院关税税则委员会决定对原产于美国的大豆、汽车、化工品等14类106项商品加征25%的关税。

2018年4月6日,美国总统特朗普要求美国贸易代表办公室(Office of the United States Trade Representative,USTR)依据"301"调查,额外对价值1000亿美元的中国商品加征关税。

2018年4月16日，美国商务部宣布，未来7年将禁止美国公司向中兴通讯销售零部件、商品、软件和技术。中兴通讯在A股和H股市场随后宣布停牌。

2018年4月17日，中国商务部公告，裁定原产于美国的进口高粱存在倾销，并决定实施临时反倾销措施。自2018年4月18日起，进口经营者在进口原产于美国的进口高粱时，应依据裁定所确定的各公司保证金比率（178.6%）向中华人民共和国海关提供相应的保证金。

2018年4月18日，美国监管者将采取一项措施，禁止移动运营商使用联邦补贴购买中国企业生产的任何电信设备。

2018年4月19日，中国商务部发布公告，初步裁定原产于美国、欧盟和新加坡的进口卤化丁基橡胶存在倾销。根据裁定，自2018年4月20日起，进口经营者在进口原产于美国、欧盟和新加坡的卤化丁基橡胶时，应依据裁定所确定的各公司倾销幅度（26.0%~66.5%）向中华人民共和国海关提供相应的保证金。

2018年5月4日，中美经贸磋商就部分问题达成共识，双方同意建立工作机制保持密切沟通。双方就扩大美对华出口、双边服务贸易、双向投资、保护知识产权、解决关税和非关税措施等问题充分交换了意见，在部分领域达成了一些共识。

2018年5月7日，海关总署网站发布《动植物检疫监管司关于加强对进口美国苹果和原木检验检疫的警示通报》称，加强对进口美国苹果、原木的现场查验。

2018年5月13日，美国总统特朗普发布推文称将帮助中兴通讯恢复业务，美国商务部已经被指示去完成这件事。此前，在被特朗普政府禁止使用美国制造的零部件后，中兴通讯宣布已停止主要相关经营活动。

2018年5月19日，中美两国在华盛顿就双边经贸磋商发表联合声明，双方达成共识，不打贸易战，并停止互相加征关税。

2018年5月29日，美国白宫官网发表声明，美国将加强对获取美国工业重大技术的相关中国个人和实体实施出口管制，并采取具体投资限制，拟于2018年6月30日前正式公布相关措施，之后不久将正式实施。

2018年5月31日，中国反垄断机构派出多个工作小组，分别对三星、海力士、美光三家公司位于北京、上海、深圳的办公室展开突袭调查和现场取证，标志着中国反垄断机构正式对三家企业展开立案调查。

2018年6月2日，美国商务部长Wilbur Ross率团访华，中美双方团队继续就中美经贸问题进行磋商。

2018年6月15日，美国白宫对中美贸易发表声明，对1102种产品总额500亿美元的商品征收25%关税。第一组340亿美元的商品关税于7月6日开始征收。

2018年7月6日，美国宣布将于当地时间7月6日（北京时间6日中午）起对第一批清单上818个类别、价值340亿美元的中国商品加征25%的进口关税。

2018年7月11日，美国政府发布了对从中国进口的约2000亿美元的商品加征10%关税的措施。

2018年8月2日，USTR声明称拟将2000亿美元的商品加征税率由10%提高至25%。

2018年8月3日，中国国务院关税税则委员会决定对原产于美国的5207个税目约600亿美元的商品，加征25%、20%、10%、5%不等的关税。

2018年8月23日，美国对中国产品征收的25%的关税生效，包括半导体、塑料和铁路设备等，针对160亿美元的中国商品。中国对美反击，对价值160亿美元的美国商品征收关税，包括石油、煤炭、钢铁产品和医疗设备等。

2018年9月3日，中国商务部初步认定，原产于中国台湾地区、马来西亚和美国的进口正丁醇存在倾销，决定采用保证金形式实施临时反倾销措施，自9月4日起实施。

2018年9月8日，特朗普在接受记者采访时表示，在对2000亿美元的中国商品加征关税后，美国还将对另外2670亿美元的商品加征关税，并表示若中美贸易谈判没有实质性进展将很快开征。

2018年9月18日，特朗普政府宣布将于9月24日起对大约2000亿美元的中国进口商品征收额外10%的关税，并自2019年1月1日起上调该税率至25%。

2018年9月24日，美国对约2000亿美元的中国进口商品征收额外10%的关税。中国进行反击。

2018年12月25日，美国推迟原定于1月1日加码关税的计划至3月1日。

2019年2月24日，推迟3月1日加增关税计划。

2019年5月6日，特朗普发推文称美方从5月10日起，对中国出口到美国的2000亿美元的商品加征关税至25%。

2019年5月9日，美国政府宣布自2019年5月10日起，对从中国进口的2000亿美元清单商品加征的关税税率由10%提高到25%。

2020年6月5日，美国商务部发布公告，将中国24个所谓"支持中国军事采购"的企业列入出口管制实体清单，禁止这些企业与美国进行贸易往来。

2020年8月28日，USTR对中美贸易中的128项产品恢复加征7.5%关税。

2020年9月16日，USTR分别公布了160亿美元的中国产品加征关税中的第二批排除清单和340亿美元的中国产品加征关税中的第七批排除清单，加征有效期自2020年9月20日起延长至2020年12月31日。

案例指引

中美贸易矛盾激化，美国将对从中国进口的商品大规模加征关税，拟议被征收关税的中国产品清单将包括航天、信息和通信技术及机械等领域，涵盖从鞋子、衣服到电子产品、农特产品等各个方面。美国将对中国商品大规模加征关税，这对于中国跨境电子商务来说，影响是非常大的，尤其是针对以美国市场为主的出口跨境电子商务，大部分出口到美国的跨境电子商务企业都面临着一个高额的关税成本，中美跨境电子商务交易成本将上升，美国进口商品价格很有可能会飙升，这都将增加我国电子设备、机械设备、服装制造、金属制品等产品出口美国市场的困难，导致跨境电子商务平台和出口企业销售额降低、利润减少。同时，因美国加征关税，中国出口美国产品在清关等方面也必受影响。跨境电子商务商品在清关时将面临更严格的审查，一些平时不太需要用到的批文，都变成了清关检查中必不可少的条件。美国跨境电子商务政策的进一步收紧，会导致相应的跨境电子商务平台管理政策越来越严格。例如，亚马逊，从入驻到Listing、VAT，再到知识产权管理等越来越严格。对于美国海外仓备货的卖家而言，需要更加谨慎，贸易战背景下，征税范围的扩大和消费税的起征会增加非常多的不确定性。

中美贸易争端在给中美跨境电子商务交易带来不确定性等诸多弊端的同时，也会倒逼中国的跨境电子商务平台和跨境电子商务卖家在竞争压力增大的前提下提高企业自身竞争力和创造力，这也是中国产业转型升级的契机。

一、关注战况，如实申报

跨境电子商务企业首先要紧跟政策，时刻关注双方的战况，研究并及时制定应对措施。同时，跨境电子商务卖家们一定要遵守美国当地相关法规政策，报关资料必不可出现错漏，通过漏报、误报来避税，必然是行不通的。

二、注重产品创新

对中国出口的总量而言，跨境电子商务出口的比重还是较小，依旧有非常大的发展空间。过去跨境电子商务出口的增长依靠互联网流量以及国家政策红利，从长远来看，贸易摩擦的不断推进，会加速这种模式的死亡和提高追求性价比的品牌电子商务的逆境生存能力。从这个层面上来说，或许是好事，无论何时，掌握核心技术的品牌电子商务才是最终的赢家。产品为王，只有卖家制造的产品具有不可替代性、独具市场竞争力，不论关税政策如何调整，跨境电子商务卖家的目标市场、核心消费群体，都不会因为国家间的关系变化和政策影响而流失。

三、重视知识产权

中美贸易摩擦不断，知识产权的问题再一次被重点提起。有一些卖家也曾收到过Wish、亚马逊等电子商务平台的"小红旗"邮件，轻则产品被移除，重则被封店，当地政府还会对企业进行惩罚。跨境电子商务想要健康发展，一定要重视知识产权，选品时一定要避开容易侵犯知识产权的产品。

四、缩减成本支出以缓冲关税

对于跨境电子商务出口零售而言，美国对中国商品加征了关税导致产品价格大幅上涨，与他国产品相比，我国商品就丧失了价格优势，进而降低了产品竞争力，拖累销量和收益，给"中国制造"的这种成本优势带来压力。假设美国对中国商品加征15%的进口关税，卖家想要维持买家购买成本不变，就必须合理减少成本支出。例如，可以借助海外仓等方式缩减物流成本，或者降低利润率以保持市场份额并留住客户。同时，中国仍旧是制造业的发源地，鉴于双方关税的影响，美国消费者会倾向于向中国的工厂直接采购。那么，中国制造企业就可以挖掘供应链端的价格优势、缩减中间经销商以及跨境电子商务卖家的加价，用以缓冲进口关税的影响。

另外，为应对国家间关系变化这个不确定性因素导致的综合成本上涨，跨境电子商务卖家还可以通过扭转仅仅关注流量转化和产品营销、依靠提高运营能力就足够立足跨境电子商务市场的陈旧思维，积极采取实际行动，努力实现供应链转移，以规避国家间关系变化带来的经营风险。出口办公椅龙头老大之一恒林家居股份有限公司（下称恒林股份）属于家具行业，但家具制造毕竟属于劳动密集型产业，技术壁垒较低，而且很多产品都在美国的加征关税名单中。降低成本和规避关税持续上升风险的诉求同时存在。于是，恒林股份在越南投资建厂并持续扩建，一方面利用越南较低的劳动力价格降低了出口成本，另一方面货物直接从越南运到海外，如美国，可以规避美国加征关税的风险。供应链转移到越南，使恒林股份即便在中美贸易争端不断以及疫情下外贸承压的2020年上半年，也实现了营收增长超过50%的佳绩。

五、建立自己的独立站

以交易载体来划分，跨境出口电子商务的运营模式可以分为平台交易模式和独立站交易模式。我们熟知的在亚马逊平台或速卖通平台开店就属于前者，而后者指的是企业自己建立一个电子商务平台（如 PC 网站、App 等）进行交易。

相对于第三方平台，独立站的优势主要体现在以下几方面。

（1）塑造企业品牌。通过独立站域名或者 App，可以不断累积企业品牌信任度，增加消费者黏性，同时又可以为品牌赋能做好铺垫（就像京东从自营开始，做开放平台后，其品牌优势可以赋能入驻的品牌商）。

（2）实现数据安全和增值。如今是数据时代，谁拥有大数据，谁就能搭建起自己的客户大数据平台，从而能够进行自动化的精准营销，实现数据价值化。建立独立站可以将数据 100% 留存在自己手里，保证数据的安全和增值。目前，多数的第三方平台只开放了部分数据，并且很多核心的用户数据是不对平台卖家开放的，但是在独立站上，所有数据都属于企业，企业除了对数据的安全性有掌控之外，还可以实现数据的二次开发，源源不断地挖掘数据价值。

（3）避免规则制约。独立站相对于第三方平台来说，企业拥有更高的自主权，避免第三方的规则制约。由于独立站是自营，灵活性非常高，不必担心平台规则的变动会影响运营，这就为中国卖家开拓市场赢得了很大的自主权，避免了因美国电子商务平台刻意制定不利中国卖家的规则可能带来的风险，也削弱了电子商务平台规则频繁变动造成的不利影响。

（4）降低成本。交易佣金成本低，减少了向第三方平台缴纳的交易佣金或年费，同时在支付端的服务费用也相对低廉，利于产品成本的控制，提高了商品的溢价空间。

六、加大新兴市场的开拓，分散风险压力

加快跨境电子商务市场的全球多元布局能够较好地规避由于双边国家关系变化（如中美贸易摩擦等）因素带来的市场风险。中国的跨境电子商务平台和跨境电子商务卖家应直面美国对华贸易政策调整带来的挑战和机遇，大力开拓美国以外的出口市场，减轻对美国出口市场的依赖。

欧洲是我国第二大出口市场，出口额仅低于美国 6 个百分点，出口额较多的为荷兰、德国、英国等传统经济大国。同时，"一带一路"为大量中国企业提供"走出去"的机遇，开拓"一带一路"沿线国家新市场将实现企业的盈利创收。事实上，2020 年前 7 个月中国与"一带一路"沿线国家外贸进出口达 5.03 万亿元，增长 10.2%。跨境电子商务区域分布多元化、合理化，企业才不会因为双边关系恶化而丧失唯一市场。

七、大力发展间接贸易

间接贸易指中国的卖家或制造厂商，并不直接与目的国消费者进行贸易，而是借

助生产力同样发达的第三方国家进行买卖交易，转换贸易主体以达到合法避税的目的，从而有效保持住中国跨境电子商务在美国的市场份额。

案例2-3　黑天鹅事件爆发，跨境电子商务迎来"生死"大考

2020年年初，一场突如其来的疫情席卷全球，给全球经济带来了极大的影响，特别是对新型贸易模式跨境电子商务行业来说，更是前所未有的一场大考验。从物流成本上涨、客户需求以及购买力发生变化到供应端调整等，由于疫情的影响，跨境电子商务从业者无不面临着严重的冲击，这给该行业的发展蒙上了一层阴霾。

疫情下的挑战

该如何存活、生长？这是疫情下跨境电子商务从业者不得不去思考的问题。许多跨境电子商务企业在物流和备货两方面都不得不面对国际运费涨价的事实，备货方面则主要体现在海外消费者的购物需求发生了变化，以及疫情刚刚发生时供应端出现供货困难的问题。据不完全统计，仅仅在疫情刚刚暴发的2020年3月份，运费最高上涨了6倍，加上由于国际货运航次不足、海运集装箱供不应求等因素，物流周期大大延长，时效变得无法控制，这些对跨境电子商务从业者来说都是巨大的挑战。据公开信息统计，亚马逊、Wish、Shopee、Lazada等平台也对海外仓以及国内仓进行了调整，包括出入库品类、开放范围、物流配送等，涉及欧洲、美国、东南亚多个市场。

在购物需求改变方面，由于疫情改变了人们的生活方式及生活习惯，相应地人们对生活中不同物品的需求也发生了较大的改变。一些服饰类的商品受到的影响就很大。例如，泳装，人们减少了旅行及户外活动的计划，即便在炎炎夏日，也选择宅在家而不是进行沙滩泳池户外活动。另一个受到需求端改变影响较大的商品就是婚纱，许多人推迟或取消原定举行的婚礼，专门从事婚纱跨境电子商务的卖家受到巨大的冲击。

但同时，在部分商品需求原已减少的情况下，随着海外疫情的暴发，部分商品的需求却又迅速加大。例如，母婴、防护、保健等品类产品销量大涨。这加剧了这部分商品背后跨境电子商务卖家的供货压力，国内相继出现库存不足甚至一度断货的情况。多数卖家依据疫情暴发前对市场的预测备货，未能有效应对疫情下激增的部分商品需求。而且，多数企业因疫情需要停工停产，供应端也出现无法供货的情况。

疫情下的新机遇

正像一枚硬币的两面，凡事都有两面性。危机中必然孕育着转机，挑战和机遇并存。最明显的莫过于疫情导致的线上流量大幅增长了，销量也随之水涨船高大幅增

加。国际疫情形势的发展变化，在给跨境电子商务带来压力的同时，也带来了新的机遇。疫情改变了消费需求的同时，也改变了人们的购物习惯，加速了习惯线下传统购物的区域从线下消费转向线上购物的转型速度，提升了跨境电子商务零售市场在线下的市场渗透率。

案例指引

黑天鹅事件（black swan incidents）指的是无法预测的小概率事件，这些非同寻常的小概率事件通常会引起一系列的市场负面连锁反应。相对于灰犀牛事件，黑天鹅事件是极其罕见且出乎人们意料的一种风险，它在意料之外，却又改变着一切，它存在于各个领域，如2001年美国"9·11"事件、2007—2009年的环球金融危机以及2008年我国出现的雪灾等。跨境电子商务行业当然也难以抽身于黑天鹅事件之外。

"新型冠状病毒感染疫情是2020年最大的黑天鹅事件"，中国人民大学国际关系学院教授金灿荣认为，被疫情"黑天鹅"影响最大的是世界经济领域。从数据来看，跨境电子商务首当其冲，在疫情暴发的不同阶段，受到了不同程度的影响。但正像案例中提到的，危机存在于跨境电子商务交易的每一个阶段。那么，如何防范黑天鹅事件对跨境电子商务的影响？

一切的防范行动都是基于对风险的恐惧，只有认识并承认黑天鹅的存在，才会有畏惧之心，并相应地提前采取措施加以防范。疫情这只"黑天鹅"给跨境电子商务行业带来的影响涉及方方面面，包含物流、需求、供应等，跨境电子商务从业者的有效应对极其重要。

一、转变运营策略

在疫情暴发初期，海外需求端还未呈现出较大的变化，受影响的主要在供应端。很多运营卖家，尤其是以铺货模式为主的卖家处境比较艰难：一方面是压货多，资金压力大；另一方面库存备货却极其有限，热销的话会导致断货，滞销又会变成库存积压。因为抗疫导致工厂供货不足，无货源铺货的卖家则面临彻底无货可卖的状况。

这部分铺货卖家应及时转变运营策略，借着疫情重新规划如何摒弃漫无目的的铺货模式，实现精细化运营。例如，应好好选品，从需求端出发认真进行市场调研，对产品进行评估，确定选品并解决货源问题，同时兼顾成本与利润的平衡，无须囤货，降低货物积压风险，同时又能够节省时间成本，提高交易效率。

二、打造跨境电子商务柔性供应链

对于以个性化、定制化为主的跨境电子商务行业来说，打造柔性供应链是实现企业核心竞争力的必要要素，对客户需求做出反应的能力即是核心竞争力。能够根据客户或合作伙伴的需求改变供应计划，有利于提高跨境电子商务企业的服务水平，并增加和客户合作的黏性。理论上来讲，打造柔性供应链是可行的，但实践上还有待进一步提高其可操作性。跨境电子商务卖家一般分为两种：一种是本身是生产制造企业即工厂，同时又是跨境电子商务卖家；另一种是单纯的贸易商，所售商品需要向国内的工厂采购。前者更容易实现柔性供应链的打造，订单一来，无论是一两件还是一两万件，可以通过调整生产计划、改变零部件等方式实现柔性供应商品。但是对于后者，即作为需要向工厂采购外销商品的贸易商来说，柔性供应就较难实现。一般情况下，如果采购商品未能达到一定的量，工厂会要求提高商品售价，这个在成本上可能就超出采购商即卖家的承受能力了。

柔性供应链是一个很好的降低断货风险的手段，在实际无法实现柔性供应商品的情况下，跨境电子商务卖家也可以通过整合多家供应商的方式来减少供货风险。

三、整合多种引流渠道

跨境电子商务的本质就是如何引流然后转化变现的过程。除了常用的社交媒体引流、搜索引擎引流以及电子邮件营销之外，当前最火爆的视频推广不失为一个高人气引流方法。跨境电子商务卖家可以充分利用 YouTube、Dailymotion.com 等网站，积极与高人气网红或视频达人合作拍摄短视频进行店铺或产品推广，从而将高流量引到产品及品牌上来。

另外，直播这一动态的视听方式也是近来悄然兴起的一种引流推广方式，跨境电子商务卖家应充分利用新冠疫情下"宅经济"火热的机会，努力挖掘直播潜力，做好从直播创意到直播内容以及直播规划等的各个步骤，把握好方向，最终实现流量变现。

案例练习　行政命令是颗不定时炸弹

据美国媒体报道，2021 年当地时间 1 月 24 日，拜登政府将宣布"买美国货"的详细计划，其中表示，拜登政府在第一个任期的 4 年时间里，使用 4 000 亿美元的政府资金购买美国工人生产的商品和服务，以及拨款 3 000 亿美元投资美国的重要科技研发项目。

这项"买美国货"的行政命令是拜登在兑现竞选期间的承诺，主要针对的是美国政府采购，旨在通过提高对美国国内产品的需求，堵住购买外国产品的政策漏洞，释放对美国国内商品和服务的新需求，创造国内就业机会，同时也要确保使用悬挂美国国旗的货轮运输这些商品。该行政命令包括：收紧政府采购规则，使联邦机构更难购买进口产品，修改"美国制造"产品定义，并提高对产品本地成分的要求。推行对美国工人有利的税收和贸易策略；把关键的供应链留在美国国内，避免依赖中国或其他任何国家来生产应对危机时的关键商品。

拜登在推特上发文，称"花美国纳税人的钱，就应该买在美国生产的商品"，但这项"买美国货"计划也让加拿大和日本政府警觉起来，担心美国国内巨大的政府采购市场会将其他国家的企业排除在外，使自身在美国投入巨资应对疫情影响时失去大量的商业机会。

而在对华贸易政策上，拜登政府和特朗普政府一样，都把中国当作头号竞争对手。据中国海关总署公布的数据显示，2020年中国对美出口总额达到3.1万亿元人民币，与2019年相比，增长了7.9%。由此，美国成为2020年中国对外出口总额最大的国家。

拜登政府的这项行政命令会使中国的一些出口行业受到影响，尤其是在美国已经建立了坚实基础的行业。例如，来自美国买家的农业和电子产品订单将减少。

思考：

1. 跨境电子商务卖家应如何有效应对不利于行业发展的行政命令？
2. 开发北美跨境电子商务市场，有哪些必须关注的风险？

[1] 雨果网. 到底要不要做独立站，独立站的优势是什么？ [EB/OL]. [2017-12-20]. https://www.cifnews.com/article/31462.

[2] 环球时报. 美媒：拜登将宣布"买美国货"计划，避免关键供应链依赖外国 [OL]. [2021-01-25]. https://baijiahao.baidu.com/s?id=1689838139108534044&wfr=spider&for=pc.

项目 3
跨境电子商务平台选择

学习目标

1. 熟悉当前主要跨境电子商务平台的发展状况。
2. 了解各个跨境电子商务平台的优势以及面临的挑战等。
3. 区分跨境 B2B 与跨境 B2C。
4. 学会如何培育跨境电子商务新兴市场。

能力目标

1. 增强对跨境电子商务平台发展趋势的预判能力。
2. 掌握并提升品牌创建与管理能力,有助于提高学生对跨境电子商务运营模式和盈利模式的理解能力。
3. 在深入了解相关平台发展历程后,能够对当前我国跨境电子商务平台所处的环境做出合理的判断,认清平台发展的机遇与挑战并做出正确决策。

思政目标

1. 培养学生的思辨能力，使其学会在纷繁复杂的局势中独立思考、分析利弊，并做出正确选择。树立不怨天尤人、勇于承担责任、对自己行为负责的思想意识。

2. 使学生树立正确的得失观，学会辩证看待问题。人生有无数选择，就像企业选择产品和市场一样，无论多么努力认真，都无法保证一定能够做出最正确的决定。正确的得失观将有助于始终保持良好的心态和拼搏向上的精神。

观念更新

在学习本项目案例之后，学生能够对跨境电子商务及其运营模式有更深刻的理解，对当前世界上主要的跨境电子商务平台的发展及其面临的困境有一定的认识，在对我国跨境电子商务发展态势保持乐观的同时，也能够对跨境电子商务的需求和发展瓶颈有较清晰的认识。

基本教学组织方式

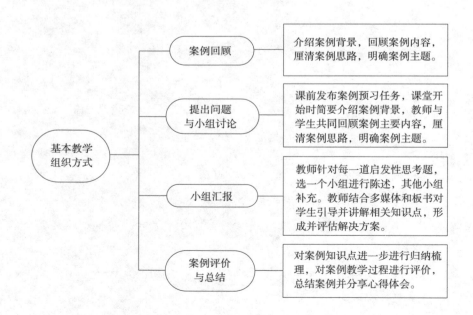

案例 3-1　虾皮：现在进驻虾皮，是否为时已晚？

一、虾皮平台简介

虾皮（Shopee）平台是东南亚及中国台湾地区的电子商务平台，成立于 2015 年，公司注册名为 Shopee Singapore Pte.Ltd.，总部设在新加坡，该公司于 2009 年由李小冬创立。虾皮购物于 2015 年首次在新加坡推出。虾皮平台的母公司是东南亚互联网企业 Sea（原名 Garena），后者被称为"东南亚小腾讯"，于 2017 年 10 月赴美上市，成为东南亚首家在纽约证券交易所上市的互联网公司。Sea 与腾讯的渊源，不仅是因为其主要收入源于游戏，与后者模式相似，更是因为腾讯曾对其进行战略投资，据招股书显示，目前腾讯持仓占比 40%，是其较大的公司股东。除了电子商务业务和主营的游戏业务外，Sea 还拥有类似阿里巴巴支付宝的支付业务 Airpay 以及类似腾讯微信的社交业务 Beetalk，从业务上看类似"东南亚版"的腾讯。虾皮目前覆盖 7 个国家和地区，包括马来西亚、印度尼西亚、新加坡、泰国、越南、菲律宾和中国的台湾，同时在中国的香港、深圳和上海设立办公室。虾皮 2017 年商品交易总额（gross merchandise volume，GMV）达到 41 亿美元，同比增长 258%。在 2019 年第二季度移动应用程序类别的月度活跃用户（monthly active user，MAU）数量排行榜中，虾皮与另一家东南亚跨境电子商务平台来赞达分居榜首，在报告研究的 6 个东南亚国家中，来赞达在 4 个东南亚国家（分别是马来西亚、菲律宾、新加坡和泰国）中位居榜首，而虾皮则在印度尼西亚和越南位居榜首（图 3-1）。

图 3-1　2019 年第二季度在东南亚的电商平台排名

二、虾皮平台的特点

（1）虾皮是一款遍布东南亚的移动社交购物平台。市场发展前景好，消费力度大，消费者人群多：东南亚市场有超过 6 亿的人口，其中 30 岁以下的人口占据 55% 以上；该平台 App 在购物类 App 下载量中，中国台湾、越南排行第一，马来西亚、新加坡、泰国、印度尼西亚排行第二。

（2）虾皮的目标市场垂直于东南亚六国与中国台湾地区。亚洲人有个共同特点，喜欢了解和沟通清楚再去购买，所以虾皮结合了腾讯的社交基因，很注重与消费者"聊"的功能，利用买卖双方沟通工具"聊聊"挖掘出东南亚及中国台湾市场的发展潜力。

（3）虾皮属于传统的一级销售模式。从模式上看，它与国内的淘宝高度相似：以 C2C 电子商务起家，2017 年成立了类似天猫的 B2C 平台 Shopee Mall，面向品牌招商，同时拥有类似支付宝的支付工具 Airpay。

（4）虾皮专门开设类似于脸书的"逛逛"界面。用户可在界面上看到自己或朋友关注的店铺及新品推荐、好友点赞的产品和系统推荐的产品，有效地提升了社交流量。

（5）强调买卖双方及时了解沟通的交互属性。东南亚很多电子商务平台上的买卖双方是不能交互的，虾皮用户可以直接向卖家进行砍价、及时询问产品的情况，更大地发挥中国卖家专业的客服主观能动性以及更懂产品的优势，与用户贴近不仅可以提升购买率、降低退单率及纠纷率，同时也提升了重复购买率。

（6）虾皮是"三无"平台。但此"三无"并非贬义，指的是平台不收取店铺租金、佣金，平台注册免费，俗称"三无"。虾皮收取的费用只有店铺的销售佣金（4%~6%）和交易手续费用（2%），加起来最高也只有 8% 的费用，和其他平台相比要少很多，而且在虾皮开新店前三个月是免收销售佣金的。

（7）平台提供免费配送。对于大件商品的运送，平台和第三方物流商合作，为卖家节省了不少精力。针对东南亚地区物流服务落后、基础设施不健全的问题，虾皮推出了自己的物流解决方案：SIP 一店通。

三、入驻虾皮应注意事项

虾皮会对入驻资料进行仔细审核。如果你购买的资料之前被别人用过，那么存在重复入驻的风险，重复入驻会被虾皮驳回，并且资料也会失效；购买现成的虾皮店铺也有潜在的风险，虾皮的卖家在入驻后只要店铺业绩说得过去，就可以向运营经理申请开设其他站点的店铺。因此，有些服务商会把其中一些店铺拿出来进行售卖，这样的店铺存在归属纠纷的风险，此外也没有运营经理对接，无法新开站点。

四、如何挑选虾皮的入驻站点

一般来讲，新入驻虾皮的卖家都会被分配到中国台湾或者马来西亚站点。这两个站点区别还是比较大的。马来西亚站点的单量会比中国台湾高出不少，但是消费水平较低，大卖家云集，价格战激烈，这对于新手卖家来说是比较不友好的；中国台湾站点，跟大陆基本趋同，客单价较高，也没有语言差距，比较适合新手卖家。需注意，根据目前的入驻政策，入驻中国台湾站点需要内贸电子商务平台的流水。

启发性思考题

1. 东南亚是属于跨境电子商务的蓝海市场还是红海市场？
2. 异军突起的东南亚跨境电子商务市场背后潜藏有什么样的商机？什么样的商家才能长久地在这块市场耕耘？
3. 虾皮与东南亚另一个电子商务巨头来赞达相比，有哪些优势？
4. 选择平台应综合考量哪些因素？

案例指引

据有关数据统计，目前东南亚电子商务市场价值为380亿美元左右，而在2015年仅为50亿美元。预计到2025年，将增至1500亿美元。显而易见，这个电子商务市场亟待中国出海企业的挖掘。

东南亚人口超过6亿，有着该地区独有的跨境电子商务潜在商机，如GDP全球第四，仅次于美国、欧盟和中国。随着"一带一路"的推进，以及2010年中国—东盟自由贸易区的启动，中国与东盟区部分国家实行几乎趋于零关税的政策，东南亚在我国对外贸易中起着越来越重要的作用。从数据来看，2016年，中国与东南亚地区贸易额为4554.4亿美元，占中国与"一带一路"沿线国家贸易总额的47.8%之多。同时，截至2018年1月，东南亚成为世界上拥有互联网用户第三多的地区，且网络用户黏性高，整体用户消费偏年轻化，热衷网络社交。这些因素都给我国的出海企业提供了巨大的跨境电子商务契机，但在蕴藏广阔的电子商务市场商机的同时，也不可避免地存在着一些问题，可以说东南亚是一个机遇与挑战并存的跨境电子商务市场。

一、存在的问题

（1）消费群体参差不齐。东南亚地区整体经济发展较为不平衡，不仅存在新加坡、马来西亚等较高消费地区人群，也存在像缅甸、越南和菲律宾的低消费人群。目前，东南亚地区的跨境电子商务主要以低客单为主,高客单为辅。并且某些市场化程度不高的国家容易在交易规则及往来事务交往中制定不平等的协定,危害我国跨境电子商务从业人员的利益。因此,在与这些国家的消费群体进行交易活动时,应提高企业风险意识和风险把控能力。

(2)产品同质化问题越来越严重。随着东南亚市场持续火热,加之中美贸易摩擦升级、欧洲VAT税务政策的收紧,入局到东南亚的资本、跨境电子商务企业将会继续增加,竞争会更加激烈,价格战不可避免。

(3)东南亚的运输物流挑战。东南亚陆地不是一个统一的板块,陆地板块破碎,导致物流成本居高难下,物流时效慢且丢包率高。Focalprice的客户满意度调查显示,消费者在跨境购物时的抱怨主要来自物流,其中物流时效太长这一点是消费者抱怨的重中之重。物流时效过长是跨境贸易的突出特点,再加上清关等方面的时间,一笔业务一般需要数月来完成,若遇到购物旺季,如穆斯林节日等,则很大可能需要更长的时间来完成交易。这已成为制约跨境电子商务企业向国外开拓市场的一道屏障。同时,东南亚国家政治因素、文化因素的差异,还有其局势的不稳定、当地贸易保护主义等政策因素,都会对跨境电子商务的物流时效产生较大的影响。

(4)东南亚的支付问题。由于长期的消费习惯,加上社会信用体系的不够完善,东南亚的消费者更喜欢用"货到付款"的支付方式,个人银行账号普及率较低,尤其是越南、菲律宾等国家,拥有银行账号的人数占其国内人口的比例不到1/2。东南亚地区所有的结算方式中,货到付款占比高达2/3之多,其次是信用卡支付,占比1/5左右。第三方线上支付系统的普及率较低,跨境支付无法实现无缝对接,较大地阻碍了我国跨境电子商务企业与东南亚市场的合作进程。

二、发展东南亚市场的意见建议

(1)充分利用东南亚本土电子商务平台,实现跨境电子商务本土化。中国的外贸企业可以充分利用东南亚的热门本土电子商务平台,如虾皮或者来赞达等,在这些热门的线上平台进行产品零售出口。比如,中国的华为、小米、联想等企业就是通过东南亚热门的电子商务平台进行线上销售,从中打开了市场,在整个东南亚手机市场上占据了很大的份额。利用东南亚热门的跨境电子商务平台进行销售,有利于企业精准抓住当地客户需求,明确销售方向,更快地适应当地消费者的购物习惯,从而更迅速地抢占市场份额,打开东南亚市场。

(2)整合资源,加强供应链建设。企业在进行跨境电子商务平台店铺运营时要强调供应链的建设和管控,供应链建设和管控的目的在于强化渠道关系。供应链的建设,能够有效地降低店铺运营的风险，在提升风险防范能力的同时还能帮助企业提升综合服务能力。企业供应链能够将上游的生产商、经销商的优质资源同企业的销售对接，通过供应链中各企业间规模化的合作将跨境电子商务企业的采购、物流、仓储、发货的环节紧密联系在一起，形成流畅的运营流程，从而有效地提高运营效率，提升客户的购物体验。中小型企业入驻虾皮，相较于大型企业它们没有雄厚的资源和大品牌，市场生存空间较小，更适合垂直化经营，即在某一细分市场上进行深化经营，不在大的类目中和那些有资质的大型企业竞争。

案例 3-2　Souq 及一个时代的终结

还记得多年前的卓越网吗？2004 年，卓越网被以 7500 万美元的价格卖给了亚马逊，创始人之一雷军一度黯然神伤，大醉好几天，另一个创始人陈年则说"像是嫁掉了自己唯一的宝贝女儿"。

历史在中东重演。2019 年 5 月，Souq.com 品牌被"亚马逊中东"替代。

Souq 卖家后台切换为亚马逊系统（图 3-2）。

图 3-2　Souq 如今的网站界面

原来的 Souq 卖家系统已经被替代。和卓越网不一样的是，Souq 品牌已经存在了长达 13 年。Souq 的发展史，同时也是中东互联网的发展史。在这个品牌消失之际，我们一同来回顾它曾经的辉煌和没落。

一、雅虎看不上的"弃儿"

整个阿拉伯世界的互联网浪潮，起源于约旦。1999 年，约旦人 Samih Toukan 和 Hussam Khoury 联合创立了世界上第一个免费的阿拉伯语邮件服务系统 Maktoob，总部位于约旦安曼。当时，阿拉伯语互联网圈还是一片空白，很多阿拉伯语用户甚至无法收发电子邮件。因此，Maktoob 很快崛起，积累了千万级以上的用户群。

以邮箱服务为基础，Maktoob 开始模仿美国，发展其他的业务模式，如新闻、支付、游戏等。Maktoob 创立的第二年，美籍叙利亚人 Ronaldo Mouchawar 加入。2005 年，Maktoob 推出了一个类似早期 eBay 的拍卖网站 Souq.com，Ronaldo 开始领导这个业务。没想到这一干就是 10 多年。

中东互联网其实发展得非常缓慢，Maktoob 创立整整 10 年后，才遇到第一个想要扩展中东业务的互联网巨头——雅虎。2009 年，雅虎以 1.64 亿美元的价格收购了 Maktoob。

但是，该交易并不包括 Maktoob 旗下的拍卖、支付、搜索和游戏业务。感谢雅虎不收之恩，不然 Souq 这个品牌早在 2019 年就消失了（图 3-3）。

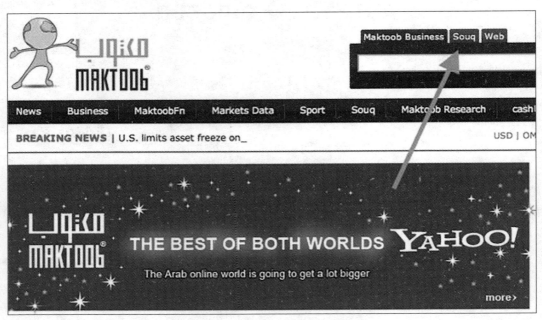

图 3-3　Souq 曾是 Maktoob 的一部分

成功退出之后，Maktoob 的创始人们将雅虎没有收购的业务整合到一起，成立一个新的公司 Jabbar Internet Group。搜索和游戏后来没有发展起来，但电子商务 Souq 和支付系统 CashU 却不断发展壮大。Maktoob 后来怎么样了呢？很可惜，当年无人可及的互联网巨头、曾经市值千亿美元的雅虎已经没落，其安曼、开罗办公室陆续关闭。2015 年，雅虎中东最后的据点迪拜办公室关闭。曾在中东拥有 400 名员工和 6500 万个用户的雅虎走下历史舞台。当年，雅虎以 1.64 亿美元收购 Maktoob 之时，大家都一片叫好，认为中东的互联网终于迎来春天。谁能想到其 6 年之后的命运呢？

不过，"迎来春天"这一说法也不是全错，2010 年确实是中东创投圈的起点，因为 Maktoob 的创始人们创立的 Jabbar Internet Group 开始积极在中东投资，整个中东的创业生态从这个时候起才真正活跃起来。2010 年，整个中东、北非地区仅有 14 家风险投资（venture capital，VC）机构，总投资金额为 2600 万美元；到 2016 年，就飞快地增长到 200 多家，总投资金额为 8.33 亿美元。

二、曾经的"独角兽"

Maktoob 被收购之后，整个 Souq 团队忧心忡忡，士气低落。Ronaldo 后来回忆说，当时 Souq 高管团队在死海度假，大家都很迷茫，但是 Samih Toukan 安慰大家："我们走在正确的轨道上，我们还会创造另一个历史。"

2012 年，Jabbar Internet Group 向 Souq 注入 3500 万美元，开始大力发展电子商务。2012 年全球新兴市场恰好又在经历一轮电子商务潮，Jabbar Internet Group 这笔投资过去还不到 1 个月，Naspers 和老虎基金又向 Souq 投资了 4000 万美元。之后又频繁融资，到 2016 年年初，Souq 已经筹集到 4.25 亿美元，估值达到 10 亿美元，成为中东、北非第一家独角兽。

在被亚马逊收购之前，Souq 是该区域综合势力最强的电子商务公司。因为经过多年的发展，它已经拥有非常完整的物流和支付体系。

物流上，Souq 拥有自建物流公司 Q Express。Souq 上大部分的商品，不管是直营还是入驻商家，都由 Q Express 进行"最后一公里"派送。除了 Q Express，Souq 在 2017 年收购了电子商务物流服务公司 Wing.ae，通过 Wing.ae，可以整合中东地区其他物流公司，提高派送的效率。

支付上，Souq 拥有中东最知名的支付网关 PayFort。PayFort 的母公司曾是 Souq 的亲兄弟 CashU，2015 年，CashU 被 Genero Capital 收购，留下的 PayFort 成为 Souq 的一部分。2017 年年初，PayFort 被亚马逊一并收购。

除了物流和支付，Souq 还持续在电子商务各个领域进行布局。例如，Souq 投资的

InstaShop，是一个O2O百货购物应用（类似于"京东到家"），Souq还有一个子公司Helpbit，提供维修和帮助服务。Souq的经营模式类似于亚马逊，第三方卖家可以直接开店，因此，吸引了不少中国卖家入驻。

三、"亚马逊中东站"

亚马逊很早就和Souq在进行收购谈判，原本价格是接近10亿美元的，但是到了2017年，中东电子商务发生了翻天覆地的变化。首先是迪拜开发商伊玛尔地产（Emaar Properties）董事长穆罕默德·阿拉巴尔（Mohamed Alabbar）联合沙特阿拉伯主权财富基金（PIF）宣布投资10亿美元资金打造电子商务平台Noon。而中国跨境电子商务平台、当时还相当低调的执御（JollyChic）进入市场后迅速打开局面，让Souq看到了尤其是在运营和供应链领域的巨大差距。不过亚马逊采用了其一贯的谈判技巧，调查后放弃收购。Souq并没有放弃求售。多轮谈判后，2017年3月，终于谈成了，亚马逊以5.8亿美元的价格收购Souq，比上一轮的估值几乎打了个对折。自此，Souq就成了"亚马逊中东站"。

四、一个时代的终结

以亚马逊收购Souq为标志，中东电子商务，乃至整个中东互联网圈已经进入了全新的发展阶段。在Souq被收购之前，只有雅虎这一家国际互联网巨头曾经关注过这里。Souq能够退出，是建立在Maktoob已经打好的地基之上，即便如此，估值最后也几乎腰斩，投资人并没有从中赚多少钱。

现在这种疑虑依然笼罩在投资人和创业者的心头：这个市场有足够的空间培育健康的独角兽企业么？一方面，沙特等海湾阿拉伯国家合作委员会（Gulf Cooperation Council，GCC）国家有着极高的客单价，但人口基数不大，而且不断有财团介入参与竞争；另一方面，埃及、土耳其等虽为人口大国，消费潜力大，却存在着极高的风险和不确定性。

（资料来源：https：//bbs.ichuanglan.com/thread-123525-1-1.html）

启发性思考题

1. 中东市场相比于欧洲、北美等市场具有的优势有哪些？
2. 从电子商务平台经营的角度来看，Souq是成功还是失败的？
3. Souq是如何成为"独角兽"的？
4. 亚马逊中东站面临的机遇与挑战是什么？

 **案例指引**

2017年3月，亚马逊以5.8亿美元收购Souq之后，亚马逊和Souq一直并存在Souq.com的前端页面。从Souq到亚马逊阿联酋站经过了长达两年的磨合期。2019年4月，亚马逊阿联酋站和Souq.com官网的前端页面正式合并，统一入口为Amazon.ae，即亚马逊阿联酋站。这意味着中东最大的本土电子商务Souq已不复存在，亚马逊阿联酋站正式打开中东市场。

Souq和亚马逊是两个不同的平台。虽然Souq的老卖家深谙中东消费者的喜好且能把控好中东市场的选品，但它们先前在Souq积累的运营经验、店铺信用值等在亚马逊平台上几乎毫无用处。想要继续在新东家这边站稳脚跟，Souq老卖家必须重新认识亚马逊这个平台。无疑，亚马逊平台会给Souq老卖家带来许多挑战。而对于Souq老卖家而言，原有竞争优势丧失，一切几乎都要重新开始。

对于买家而言，它们却多了几分欢喜。虽然Souq在中东有着10多年的本土经营经验，拥有大量的本土消费者，但Souq并没有建立起真正的壁垒。回顾在亚马逊收购Souq后的两年过渡期间，中东消费者很少有人对亚马逊产生抵触情绪。且Souq有很长一段时间已在销售亚马逊自营产品，中东消费者也更愿意接受新产品。最重要的是，亚马逊的平台规则是保护买家，利益保障的天平更倾向买家。一方面，亚马逊可以有效地管控Souq平台上一些质量不达标的产品，给买家提供一个更值得信赖的购物平台；另一方面，亚马逊国际卖家的引入给中东消费者带来了更多的选择，无论是在商品种类、款式还是价格方面。

同样地，亚马逊阿联酋站开放后，对中国中小卖家来说也是一件好事——入驻门槛普遍降低，中小卖家不再必须持有阿联酋本地公司或本地身份证，持中国大陆营业执照即可入驻。但对老卖家来说，需要面对亚马逊引入的更强的国际卖家对手，竞争压力加大，同时还需重新学习亚马逊新的基础运营知识和平台规则，并调整之前的一些不规范运营方式。例如，亚马逊不允许一台电脑登录多个账号，会根据注册资料和IP地址等来判定账号关联，关联的账号会受到流量限制。这意味着以前通过多个账号经营的老卖家需要做好分IP的工作。

亚马逊收购Souq，推出亚马逊阿联酋站，这像极了亚马逊收购卓越网、推广亚马逊中国。但亚马逊中国的B2C市场份额从巅峰时期的20%萎缩到不足1%，最终在2019年7月18日，亚马逊停止为亚马逊中国网站的第三方卖家提供服务，即关闭了亚马逊中国网站的商家入驻渠道，如同多年前卷铺盖退出中国市场的 eBay 一样。亚马逊的决策周期长，有些既定的管理规则不一定适合中东地区。况且中东电子商务市场的本土化措施更为复杂，对亚马逊来说，中东市场机遇与挑战并存。

一、消费潜力巨大

中东市场被誉为电子商务世界的最后一片"蓝海"，中东一般指西亚和北非地区共 24 个国家。该地区人口数量多达 4.9 亿，且消费潜力巨大，按照发达国家人均 GDP 20000 美元的标准，2018 年，中东地区的发达国家有 7 个，其中卡塔尔的人均 GDP 达到 69872 美元，排在全球最富裕的前 10 个国家的前列。中东 7 个高收入国家中，人均 GDP 最低的沙特阿拉伯也有 22944 美元。中东因其巨大的消费潜力在国际电子商务市场上越来越受到重视。

二、手机网络普及率较高

中东电子商务起步较晚，购物平台如 Souq.com 最早成立于 2005 年，时尚电子商务 Namshi 和母婴类产品电子商务平台 Mumzworld 均成立于 2011 年，这些平台都直接跳过 PC 端，布局手机端市场。根据世界银行统计，中东手机覆盖率高达 96%，网络覆盖率高达 88%，其中沙特阿拉伯网络覆盖率一度突破 90%。但是，电子零售市场占比只有 0.8%，而中东地区 20 岁年龄段的年轻人约占整个地区总人口的 30%，他们作为电子商务的主要客户群体，正促进着中东这一蓝海地区的开发和发展。

沙特阿拉伯的相关数据显示：90% 左右的成年人都有智能手机；75% 的沙特阿拉伯人年龄在 35 岁以下；沙特阿拉伯人最喜欢网购的品类是电子产品；到 2020 年，沙特阿拉伯的电子商务零售额翻了一番，达 220 亿美元；2010—2020 年，政府为物流基础设施投资 1000 亿美元以上。阿联酋的相关数据显示：智能手机用户占总人口的 80%；年龄在 31 岁以下的人占总人口的 64%；73% 的在线交易都来自 31 岁以下的网购者；电子商务零售额在 2015—2017 年间翻了一番，并以 30% 以上的速度增长，一直到 2022 年。

三、网络购物习惯的养成

被称为"中东亚马逊"的 Souq 平台，在被亚马逊收购之前，已经在跨境电子商务领域经过逾 10 年的积淀，培养了中东用户的网上购物习惯。也许是因为人们空间移动受到限制，如在沙特阿拉伯女性不能开车去购物，该国的手机覆盖率达 76%。目前埃及有超过 17%（1550 万）的网民在网上购物，但是这仅占埃及购物总人数的 1.5%。加上近年中东的移动互联网发展惊人，这就意味着中东的电子商务拥有很大的发展空间。

四、线下消费选择匮乏

中东国家石油出口经常项目盈余占 GDP 的比重近年有所上升,这种行业发展的不均衡导致中东国家普遍具有较高的商品进口依赖度。去过沙特线下购物中心的朋友都会感叹和国内商品的琳琅满目相比,沙特本地的购物选择相当有限,尤其是中高端品牌以下的消费品。很多当地人的消费能力没有途径有效释放。这也和传统零售长期以来没有受到挑战和冲击有关系。网络购物平台的兴起正好为中东的消费需求提供了便捷的选择途径。

亚马逊中东电子商务市场面临以下挑战。

一、中东电子商务市场越来越开放,竞争也越来越激烈

不管是阿里巴巴还是 JollyChic 和希音(Shein)等中国电子商务,或者是中东本土电子商务 Noon,都是亚马逊占领中东电子商务市场的有力对手。亚马逊阿联酋站的上线能否帮助亚马逊抢占中东电子商务市场的最大份额,还是一个未知数。

二、物流是阻碍中东电子商务发展的瓶颈

首先,在国际段的运送上,除了阿联酋外,中东主要国家均存在障碍。例如,沙特阿拉伯对跨境电子商务包裹清关要求非常严格,稍有不慎便会被海关扣押处罚,而且进入沙特阿拉伯的商品一般都要进行沙特阿拉伯标准组织(Saudi Arabian Standards Organization,SASO)认证。其次,中东本土物流业不发达,中小物流企业网络覆盖不完整,包裹信息追踪不完全,包裹丢失现象屡见不鲜。最后,"最后一公里"配送问题是阻碍中东物流发展的最大障碍。中东普通居民普遍没有详细的地址,熟悉本地路线的快递员数量短缺,以及男性不在家女性不会为男性快递员开门等因素,导致中东地区包裹的签收率低下。

三、中东地区习惯现金支付的习惯阻碍电子商务发展

有资料表明,阻碍中东地区电子商务发展的,并非中东地区缺乏线上支付第三方平台,也不是中东地区线上支付系统落后跟不上购物平台发展。主要是中东地区的消费者习惯使用现金货到付款,很多人甚至也不愿意使用信用卡。近年来,第三方支付平台被大力推广,线上支付的优惠力度被提高,吸引了大批的线上支付系统使用者。2018 年 11 月白色星期五期间,Souq 与本地银行合作,推出零息分期付款服务,刺激线上支付。Noon 在同期也大力推广线上支付,如使用 VISA 卡支付可获得最高 100 迪拉姆的优惠,使用 Mashreq card 支付可获得 15% 的折扣。这些活动的开展对线上支付的推广起到了很好的促进作用,但习惯不是一朝一夕就能改变的,支付问题仍然是制约中东跨境电子商务大力发展的重大问题。

案例练习 小红书

随着消费升级和生活方式的改变，人们购物从"从无到有"到"从有到好"转变，海外购物逐渐成为扩大中的新中产人群青睐的购物方式，由此产生了新的消费形态和电子商务形态。但由于信息不对称，资讯获取渠道有限，同时普通用户即便获取足够多的信息也难以对信息进行甄别筛选，导致许多购买海外品牌商品的消费者面临较高的购物风险，从而最终放弃海淘。基于这样的痛点，小红书以分享购物指南信息起家，由有海外购物经历的人士，用文字图片内容的形式分享他们所购得的好物及其使用情况，将线下的购物场景搬到了线上，并加入了真实的购买用户的背书，打造了一个由全用户生成内容（user generated content，UGC）的购物信息平台。

小红书最初叫"香港购物指南"，而且是以 PDF 的形式流传出去的。显然这种单一、没有互动的形态无法实现用户之间的高效互动，但小红书的购物指南在早期也吸引了不少用户，事实上小红书的一部分种子用户就是从这里来的。2020 年小红书平台有 2 亿多的用户，90% 以上是一线、二线城市的高消费女性。平台上女性用户居多，虽然男性也在买买买，但是讨论购物这件事情多为女性，其中 86.5% 的女性有孩子，购物主要是母婴、护肤和彩妆。男性则主要是 3C 类产品的购买主力。在年龄层上，"90 后""95 后"正在成为小红书的主流用户。在用户使用方面，小红书努力让用户像逛街一样利用碎片化时间通过移动通信端浏览或者分享自己的海外购物心得，通过积分、评级等手段激发用户的分享欲望，这样诱导式的平台策略刺激小红书最初的自采式产品销售，为接下来小红书自营商城福利社的上线打下坚实的用户基础。

和其他跨境电子商务从买手制或是物流、视频直播切入市场不同，小红书是从购物社区起家的。对此，小红书创始人瞿芳表示，每一种模式解决的是不同的问题、不同维度的问题。从物流切入的洋码头更重视后端的仓储配送；主打现场视频直播的菠萝蜜想解决的是海淘时产品的可信度；而小红书成立之初就是为了帮助众多想要买到世界各地优质产品的用户们去发现国外的好东西。

传统的淘宝/京东购物模式下，用户会先购买后晒单；微店等以社交驱动的电子商务形态用户为了交友则会虚构身份信息，其更看重的是与用户的点对点交流。与上述两种模式不同的是，小红书主导的新型社区电子商务模式以信息驱动，用户生产内容，通过真正的社交信息流方式，将线下闺蜜逛商场时的冲动消费场景搬到了线上。在小红书上注册过的用户都可以发布内容（被称作"笔记"），一条购物笔记通常包括晒物图、品牌便签以及价格和地点便签,还可以看到用户撰写的购物或使用心得。小红书通过后台的结构化数据分析,可以知道全球哪些商品是真正受用户欢迎的当地好东西,继而去采购,然后在福利社中提供给用户购买。

从电子商务巨头的平台数据可以看出,淘宝、天猫、京东仍是品牌未来几年电子商务营销的主阵地。2020年,阿里巴巴的中国零售市场天猫和淘宝年商品交易总额增长8620亿元,达到6.589万亿元。2020年3月活跃用户数量达8.46亿元,接近京东和拼多多之和。京东2020年财报显示其全年营业收入达到7458亿元,同比增长29.28%。然而在电子商务某个垂直分类版块,也有网易严选、淘宝心选的突围,小红书、抖音等内容驱动的电子商务平台在低调崛起,以可靠、中立的用户原创内容建立起来的竞争壁垒,使得小红书的关注度正在跳跃式上升。

传统电子商务平台模式如图3-4所示。

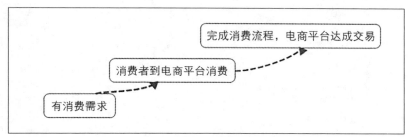

图3-4　传统电子商务平台模式
(图片来源:一站式智能营销平台城外圈)

以小红书为代表的社交电子商务模式如图3-5所示。

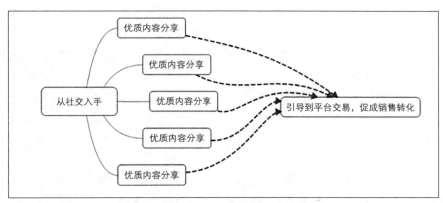

图3-5　社交电子商务模式
(图片来源:一站式智能营销平台城外圈)

从众多明星的分享入驻,到源源不断的高质量图片和原创内容分享,吸引各路关键意见领袖(key opinion leader,KOL)形成独特的 UGC 氛围,最终引流到小红书商城实现销售转化,完成了一个完整的"社交+电子商务"闭环。即使"社交+电子商务"的玩法不是小红书独创,但是小红书走出了自己的风格——利用明星效应、粉丝流量引导到平台消费。

2020 年,小红书优质内容分享在形式上进行了多元性的探索改革,不仅对笔记创作能力提出更高的要求,同时开启了视频内容分享的直播带货模式,取得了巨大的成功。在小红书平台百亿流量、视频号上线等多方位扶持下,视频笔记获得了更多的曝光。小红书官方表示:现在超过 70% 的爆款已经是短视频内容,因此,品牌商家投放视频笔记,更有可能获得较高的互动广告投入回报(return on investment,ROI)。以头部、腰部达人视频笔记投放为主,素人、初级达人图文笔记投放为辅,大概率将成为未来品牌投放新趋势。

(资料来源:根据财经社信息编写)

思考:

1. 小红书获得成功的关键因素是什么?
2. 小红书的潜在竞争对手有哪些平台?

[1] 孙冰."一带一路"的网络先锋,阿里巴巴开启外贸新时代 [J]. 中国经济周刊,2017(15):18-23.

[2] 井然哲. 跨境电子商务运营与案例 [M]. 北京:电子工业出版社,2016:134-147.

[3] 张婉晴,赵亚南. 浅析跨境电子商务平台发展前景:基于速卖通平台发展分析 [J]. 时代金融,2018(5):192.

[4] 李爱玲,何雯. 我国 B2C 跨境电子商务发展存在的问题与对策 [J]. 商业经济研究,2019(23):139-142.

[5] 吴维军. 新常态下跨境电子商务的竞争战略选择 [J]. 辽宁经济管理干部学院学报,2017(6):10-12.

[6] 网络经济服务平台. 小红书:是如何"红"起来的? [EB/OL].[2015-10-23]. http://b2b.toocle.com/detail-6286246.html.

[7] 搜狐网. 小红书案例 [EB/OL]. https://www.sohu.com/a/230864134_475946.

[8] 钱振霄. 小红书下架是咎由自取 [N]. 浙江日报,2019-08-01(10).

[9] 郑州紫书网络科技有限公司. 跨境电子商务 shopee/ 虾皮平台是什么? [EB/OL].[2019-11-27].

http://www.ctoutiao.com/2529032.html.

[10] 创业小达人青青.特恩普电子商务:"新卖家入驻"分析虾皮跨境平台,我适合做吗? [EB/OL]. [2019-11-18]. https://www.sohu.com/a/354429729_120376127?sec=wd.

[11] 徐恒,翁东东.中国跨境电子商务企业在东南亚市场的机遇与挑战[J].劳动保障世界,2016(21):51-52.

[12] 李春鹏,郑冬妹.LAZADA 跨境电子商务平台店铺运营策略[J].Proceedings of 2018 4th International Conference on Education and Education Research(EER 2018)(Advances in Education Sciences,VOL.15),2018(3):290-296.

[13] 周阳宾.面向中东的跨境电子商务攻略:如何解决中东电子商务市场的现有问题[J].中国市场, 2018(19):187-191.

[14] 刘小丽,林晓欣.中小微跨境电子商务企业开拓中东市场分析[J].对外经贸实务,2019(8): 35-37.

[15] 创蓝论坛.Souq 创始人:中东电子商务有很大发展空间,还有很多事情要做[EB/OL].[2018-08-28]. https://bbs.ichuanglan.com/thread-111598-1-2.html.

[16] 创蓝论坛,中东电子商务平台 Souq 的发展前景[EB/OL].[2018-12-22]. https://bbs.ichuanglan.com/thread-123525-1-1.html.

[17] 创蓝论坛,不容忽视的亚马逊 SOUQ 中东市场[EB/OL].[2018-12-12]. https://bbs.ichuanglan.com/thread-122547-1-1.html.

[18] 雨果网.亚马逊中东重走中国战略,有人欢喜有人忧[EB/OL].[2019-05-05].https://www.cifnews.com/article/43866.

项目 4
跨境电子商务品牌营销

学习目标

1. 跨境电子商务品牌营销的重要性。
2. 跨境电子商务营销策略。

能力目标

1. 逐步培养跨境电子商务交易的品牌意识。
2. 掌握跨境电子商务品牌营销的方法。
3. 提升跨境电子商务营销能力。

项目 4 跨境电子商务品牌营销

思政目标

1. 使学生树立文化自信，鼓励学生们大胆主动地将中国元素融进品牌创造和营销中，讲好中国故事，传播中国文化。

2. 培养学生开拓进取、善于发现并勇于实践的精神。

观念更新

在学习本章案例之后，学生能够对跨境电子商务品牌营销的重要性有较深入的了解，对跨境电子商务品牌营销手段有更深刻的认识，同时增强多种跨境电子商务品牌营销手段组合运用的能力。

基本教学组织方式

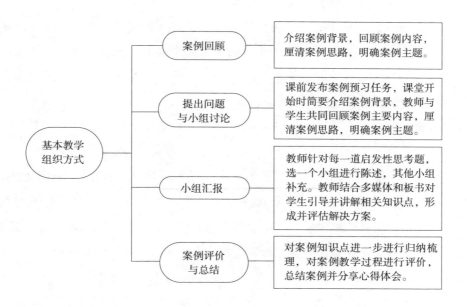

案例 4-1 PUPPYOO 小狗电器的品牌经营之路

和同类家电品牌一样，2007 年以前，小狗电器走的是传统线下家电销售渠道。但面对人员、成本等重大投入压力，小狗电器率先转而征战线上平台，专注于借助淘宝和天猫的运营。2014年小狗电器正式入驻速卖通、亚马逊等第三方跨境电子商务平台。

多年国外参展经验让小狗电器意识到必须要做自己的品牌与IP，并且要对自有品牌采取切实的保护措施，才能在注重品牌、尊重原创的海外大环境下谋求发展。因此小狗电器品牌在多年前就着手在全球范围内进行品牌注册，有效避免各国品牌抢注的问题。

小狗电器对用户需求进行深入了解，大力进行吸尘器无线技术的研究，从无线电机动力、电力续航、人体工学设计到人性化功能整合，小狗电器都充分考虑在内。小狗电器品牌共有200多项自主专利，旗下无线吸尘器产品就可以细分多个品类，真正将无线吸尘器做到了极致。与此同时，小狗电器建立了完整的质检体系，通过了中国CCC、欧盟CE、日本PSE、德国GS等多项认证，让消费者可以用合理价格买到大牌的清洁家电产品。

玩转国内电子商务平台多年的小狗电器自然对平台有深刻的认识，明白进驻平台的优劣。小狗电器在进驻平台的初期便发现，平台竞争愈来愈激烈，具体表现为输入"吸尘器"进行检索，平台会跳出3万多个搜索结果，想要有展示优势简直难于上青天。

小狗电器选择在国外的搜索引擎上有技巧地购买广告产品，在购买广告之后，品牌会获得所有的访客数据，从而掌握数据主动权，这一点对于业务的长远发展是十分有利的。品牌主要是购买以下两种广告模式：①主要就品牌词、产品词、使用场景词进行搜索广告购买。②在客户搜索相关资讯时，品牌的平台链接就会在靠前位置，无须平台作为中介，直达品牌商城（图4-1）。

借助引擎强大的信息系统，Google帮助品牌定位到目标客群，将广告展示在与其生活方式与生活爱好贴近风格的网站。

家电产品与大多数产品的差异，很大程度体现在消费者对售后服务的重视程度上。在国内，小狗电器采取"返修率降至1%+中央维修"的策略，只要在保修期内均可以为用户提供不问原因的免费维修，所有费用由品牌方承担，这一点深深打动了消费者。

虽然品牌目前还没有办法为海外商家提供等同于国内市场的售后服务，但是已经实现了境外7天无理由退换。海外用户的吸尘器电机等产品原件若1年内出现故障，买家支付邮费，品牌会无理由提供电机原件，减少了消费者的维修成本，赢得了消费者的理解与尊重。

作为一个主要销售吸尘器、除螨器、扫地机器人等新型清扫家电的电器品牌，2018年小狗电器达到236.2亿元的零售额，国内销量远超飞利浦等国际大牌。在未来，小狗电器将在俄罗斯、欧洲、美洲、日韩等地推进效仿国内的本地服务，希望在目标

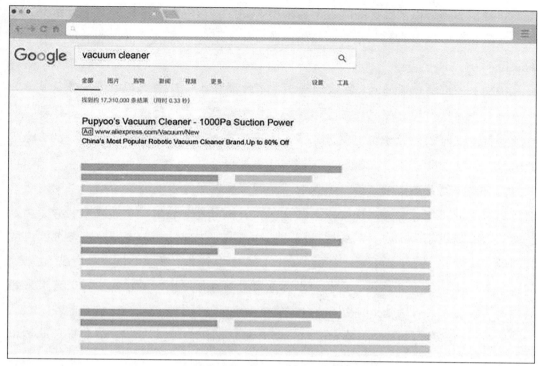

图 4-1　Google 搜索品牌关键词出来的界面

市场范围内实现"颠覆式创新"的售后服务，使得消费者通过简单操作，便能有全套后台配套支持，实现以服务和体验为主的宣传模式。

（资料来源：湖北楚马教育咨询有限公司）

启发性思考题

1. 小狗电器是如何将宣传推广与消费者购前行为相结合的？
2. 小狗电器专注单一类目产品的生产销售有何利弊？
3. 小狗电器应该如何持续改进跨境服务体系？

 案例指引

小狗电器的跨境电子商务运营坚持在海外为消费者提供优质产品、服务，并在获得优秀口碑的基础上做出调整。其跨境电子商务模式为第三方平台运营模式，在国内电子商务平台获得的丰富运营经验，能够为其在品牌挺进国际市场时，提供运营模式

参考，减少与跨境电子商务第三方平台的磨合期。在与第三方平台的深度合作中，小狗电器更加了解到平台的不足，从而因地制宜做出前瞻性的决策，弥补平台原因导致的缺位部分。

小狗电器目前在亚马逊、速卖通等多个平台都有开展B2C跨境电子商务业务，但不管哪个平台都难以杜绝品牌乱象以及假冒伪劣产品，家电行业更是如此。具有前瞻性的海外注册举动，让小狗电器进入国际市场时能够避免品牌纠纷，防止平台的恶意竞争。

面对错综复杂的市场环境，小狗电器品牌想要在国际电子商务市场再现国内电子商务市场所取得的成绩，会面临以下两大问题：①海外产品市场更加成熟，清洁类家电产品保有量更高。②自身品牌缺乏国际性知名度。因此，小狗电器决定参考国内运营经验，从零开始。小狗电器品牌始终相信，在家电行业，竞争的核心是产品、服务。通过全方位优化改进品牌核心价值，小狗电器最终赢得了良好的口碑，好口碑带来好的销售，如俄罗斯市场就是完全靠口碑老客带新客的方式打开的。

针对平台内激烈的竞争，小狗电器的真正意图是让客户跳过平台，真正需要购买相关产品时选择小狗电器。从产品属性而言，家电并不是消耗品，消费者对其使用寿命和安全性有很高的要求，加上单价相对较高，因此鲜少出现冲动购买、尝试自身未知品牌的行为。

一般消费者在购买家电产品之前，通常会有如下流程。

（1）家电使用需求出现。

（2）搜索相关关键词，搜集多个品牌与产品信息。

（3）将手头信息进行比较。

（4）择优购买。

如果每一个流程节点，都可以巩固品牌在消费者心中的良好形象，那么消费者会更加容易做出购买决定。消费者可能会浏览大量的网站来获取信息，在浏览过程中出现自家品牌，也可以起到将消费者引导到产品平台的作用。结合消费者的购买流程，小狗电器选择购买国外最大搜索引擎的广告服务，将产品信息穿插在消费者搜索类型产品的每个环节。

在品牌跨境电子商务的平台运营过程中，由于速卖通平台功能的境外物流与海外站点目前仍然具有较大的局限性，市场范围广阔、境外物流成本较高与平台物流服务体系当中缺乏逆向物流管理等问题严重影响了小狗电器的售后服务质量。在当前阶段，小狗电器尽自身最大能力提升售后服务质量，提供了7天退换、保修期内元件免费更换等服务,后续将持续深化本土化维修服务体系,以持续增强品牌的核心竞争力。

但是基于探索更多并未深耕的海外市场以及品牌自身既定目标当中的服务模式两个方面的需求,品牌在未来也应该独立运营品牌平台等增加品牌运营自由度的运行形式。

案例4-2 Simplee:类目TOP BRAND的发展之路

在创立公司之前,张伟、沈慧红二人依托阿里巴巴进行批发,通过在阿里旗下的国际速卖通平台海量铺货上架,将服饰贩卖给海外买家,从而成功赚取了第一桶金。

随着2014年中国传统出口贸易增速放缓,以及生产成本的不断上升,国内外商品差价不断缩小,商品价格优势逐步被打破,担任经销商角色的两人利润空间被压缩,长远来看批发销售的竞争力只会逐步递减。长期与速卖通打交道的张伟、沈慧红两人敏锐地捕捉到,速卖通平台为了吸引更多用户,平台入驻规则逐步向消费者倾斜,对商家提出了更高的要求,呈现品牌运作化、精细化的趋势。借鉴当时率先摒弃大量批货销售模式、打造自主品牌的服饰类商家,如Shein、Value Fashion等,两人开始进行品牌改造。

2015年1月,杭州森帛服饰有限公司成立于杭州,创立Simplee服装品牌,重新以品牌自营店的形式入驻速卖通(图4-2)。

图4-2 Simplee在速卖通的店铺页面

2017年1月,杭州云栖小镇的速卖通商家峰会现场,速卖通总经理表示,自2016年起,速卖通商家逐步实施C2C向B2C的转型以及平台商品商标化。由平台号召进行整顿后,平台总交易额逐步向含有注册商标的商品倾斜,并且占比持续上升。平台升级和品牌规范化,直接导致了用户体验感的急速提升,纠纷率下降了35%,用户净推荐值（net promoter score，NPS）猛增了50%，极大地带动了海量新用户的点击注册以及老用户的重复购买。

Simplee将欧美作为主攻的海外市场，对欧美市场调研后，创始人陶弘璟表示："欧美女性在穿衣搭配方面和国内十分不同，她们选择衣服的时候更关注场合。比如，在休闲或度假时会穿一些浪漫的连衣裙，上班会穿职业套装。"抓住了欧美客群注重场合、分场合更换穿衣风格的特点，Simplee对自己的目标客群做出了更为精准的定义：25~35岁欧美地区热情、时尚的年轻女性，主打度假风服饰，拍摄的商品图片追求真实，全部选择在户外拍摄，选用的模特也是肤色健康、高挑热情的美洲模特，以便于消费者产生美好联想，代入到日常生活当中（图4-3）。

图4-3　Simplee页面模特展示的服装图片

Simplee创始人陶弘璟认为，做品牌最重要的是产品的定位和质量。对此，Simplee选择将每个步骤做精做细，通过良好的产品质量赢得口碑、树立品牌形象，从长远角度形成Simplee的品牌优势。

为了跟进最新的时尚潮流，Simplee聘用高素质的买手，让其通过线上线下渠道，挑选潜力"爆款"，并将考核及提成与销量挂钩，对买手能力提出了严格的要求，提高买手的积极性与专业性，只有每周被买手成功挑选并筛选过后的新品才会投入生产环节。

Simplee跳脱出以往作为个体商户大规模淘货、大刀阔斧上新的模式，形成长期稳定的供货链，解决供应商和商品两大难题。团队从公司所在地周边出发扩展到全国寻找工厂与供应商，选择与有外贸生产经验的工厂合作，争取优先供货。挑选合作工厂与供应商是秉承优胜劣汰的原则来保证出货速度,如遇货不对版、以次充好的情况会立即终止合作。目前,Simplee的货源主要来自4家合作工厂和40多家供应商。对这些合作方,团队始终秉持严格的考查标准,以保证产品的质量。

全流程精细化必定会带来上新速度下降的问题,除了加快买手与供应商的工作节奏之外,Simplee将上新速度调整为每周2次、每次不多于10个商品的频率,以此保证每个所选商品的质量。每次上新均涵盖多个角度的户外模特图和产品细节图等详尽的模板化信息,方便消费者自行了解商品。精挑细选的一贯选品准则直接让Simplee实现了每件选品都有销量,获得了消费者的认可,这在快时尚行业十分难得。

经过一年半的运营,Simplee已经达到同行类目的顶尖水平,业务范围从最初的欧美辐射到大洋洲等多个市场,凭借自身的产品特色及优秀质量,促成了每月300万元的销售,2016年销量超过6000万件,位居速卖通2016—2017年度十大出海品牌的首位。

(资料来源:湖北楚马教育咨询有限公司)

启发性思考题
1. 第三方平台规则变动对品牌商家而言有哪些意义?
2. 快时尚品牌营造场景氛围的作用是什么?
3. 快时尚品牌应该如何改进自身流程模式,权衡数量与质量?

案例指引

作为新兴品牌,面对向来竞争异常激烈的女装市场,Simplee的成绩无疑是惊人的。该品牌的过人之处总结为三点:①时刻关注平台规则动态,并及时做出品牌策略调整。②采取"场景营销+精准营销"的营销方式。③全流程精细化运营。

Simplee的前瞻性行为使得Simplee的目标客群数量以肉眼可见的速度增加,给广大借助第三方平台运营跨境电子商务品牌的企业带来启示:要对平台规则有一定的理解,同时做好防范策略以应对平台改动带来的风险与机遇。

通过在长期的外贸中积累的经验加上深入的前期市场调研,Simplee发现了欧美本土消费市场具有很明显的场景性。借助该消费特性,品牌可以构造出一定的场景,对消费者进行引导。Simplee的主要消费群体是25~35岁欧美地区热情、时尚的年轻女性,该客群的特点是有稳定的收入来源,具有购买欲望、有对美的追求,同时熟知互联网操作,贴近时代潮流趋势。可以发现,客户特征与Simplee的理念、销售渠道等具有极高的适配性。利用场景引导消费者与产品产生联系，能够刺激消费者获得共鸣，促成购买行为。

快时尚女装品牌国内外数不胜数，产品形形色色，加上进口电子商务与境外电子商务的不断发展，极大地扩大了不同女性的服饰选择项，也加大了品牌做出差异化的难度。对此，Simplee 选择通过过硬的产品质量与服务质量来获得口碑。在团队规模有限的情况下，Simplee 全流程的精细化运营能够保证产品的质量，从根源保证品牌的竞争力。

案例 4-3　Ever Pretty：站外营销

苏州梵尚服装进出口有限公司于 2005 年在苏州创立，是一家集礼服设计、生产、销售于一体的专业礼服公司。公司旗下的 Ever Pretty 品牌，作为时尚礼服的时装品牌，深受速卖通广大买家喜爱。

Ever Pretty 大气、高雅的欧美风格兼具婉约时尚的东方特色，满足全球数百万女性对美丽连衣裙的追求。品牌一直遵循"Make You Pretty Forever"（让你永远美丽）的宗旨，致力于为全球时尚女性提供高品质、高性价比的时尚礼服。穿上 Ever Pretty 的时尚礼服，无论是在婚礼现场，还是在各式聚会、派对、年会、酒吧，你都可以摇身一变，成为众人瞩目的焦点，成为气质优雅的明星或活泼高贵的公主，优雅地翩翩起舞，轻盈地旋转着，将女人的妩媚动人展现得淋漓尽致。

Ever Pretty 在速卖通平台于 2010 年 3 月 17 日上线。在此之前，创始人 Anna 已在 ebay 等平台上有过销售经营的经验，转战速卖通的时候，她决定进军服装行业的连衣裙领域，并决心把产品定位为"轻礼服"。相对于较为正式的传统礼服，"轻礼服"的款式更加轻盈灵动，不那么隆重但尽显大方优雅，穿着场合不再局限于酒会婚礼，作为日常穿搭同样出彩，受众人群也因此更加广泛。

同时，Ever Pretty 也关注到肥胖丰满身材的女性同样有着这种消费需求，但面临码数选择的尴尬问题，于是专门开拓了 Plus Size Dresses 板块和生产线，专门做大码时尚礼服。

大码礼服这个新市场的开拓为全球很多穿大码服装的女性朋友提供了漂亮合身的礼服，同时来自世界各国的新订单也不断上涨，为品牌带来了更多的收益和好评，不断涌入的粉丝为品牌注入了新的活力，提高了品牌的知名度，使得品牌的发展得到了一个质的飞跃（图 4-4）。

图 4-4　Ever Pretty 大码礼服

Ever Pretty 上线的时候，正好是跨境电子商务发展的红利期，大批卖家通过海量铺货、多店铺的方式粗放经营，进行疯狂捞金。但是长期定居在美国并且对海外市场有清晰认识的 Anna 却坚持走品牌化精品道路——只卖礼服连衣裙，认为这才是一条长久之道。经过 10 年的大浪淘沙，Ever Pretty 已经蝉联 4 年速卖通平台礼服类目 Top 卖家，事实证明，她的选择是对的。截至 2019 年 8 月 30 日，其速卖通官方店铺粉丝量近 80 万，旗舰店粉丝量约为 30 万。速卖通合计粉丝数量为 110 万，店铺复购率高达 35%。

我们来回看一下 Ever Pretty 的发展路线。

2005 年，品牌创立，开始为全球女性提供适合各种场合穿着的时尚礼服裙子。

2006 年，Ever Pretty 已经向全球 100 多个国家和地区提供上千种款式的时尚礼服，迅速得到了国际消费者的认可。

2007 年，Ever Pretty 品牌的礼服成为海外服装代理商的热抢对象，只要物流能够到达的地方就可以看到 Ever Pretty 品牌的礼服。

2009 年，Ever Pretty 在东莞建立了 5000 平方米的生产和物流基地，以缓解快速增长的订单带来的生产和物流上的压力。同年，速卖通官方店上线。

2010 年，Ever Pretty 开始实施全球化品牌战略，公司总部和国际仓储物流中心同时在美国建立。

2011 年，Ever Pretty 开始进入国内市场，旨在以国内平民的价格提供国际品质的时尚礼服产品。国际消费者的认可是 Ever Pretty 迅速成长的前提，但是 Ever Pretty 也希望得到国内消费者的肯定和喜欢。

2012 年，Ever Pretty 被阿里巴巴集团评为"全球十大网商"之一。

2016年，Ever Pretty名列阿里巴巴礼服类目Top卖家。

与此同时，Ever Pretty拥有一支专门运营社交网站的社交网络服务（social networking services，SNS）团队，除了传统的广告投放外，这支团队还负责与国外网红合作。截至2019年，Ever Pretty已经跟上百位欧美网红形成长期合作关系。网红会在自己的社交媒体上晒出穿着Ever Pretty的靓照，并附上外链或者优惠券引导粉丝消费。目前，Ever Pretty品牌的脸书账号粉丝数量已超16万，每周都保持更新帖子和相关的热度。

（资料来源：湖北楚马教育咨询有限公司）

启发性思考题

1. 阐述社交媒体营销的重要性。
2. Ever Pretty在客户关系管理上是如何做的？

案例指引

从Ever Pretty的品牌发展史上可以窥见跨境电子商务经营的策略有如下要点。

一、创始人独特的发展眼光和精准定位

创始人Anna大学毕业就步入婚姻，常年侨居美国，她在海外生活的经历让她具有全球视野，更加能够把握市场动向。几经尝试，她最终发现专门经营裙子是一个最好的选择。Ever Pretty把自己的产品定位为"轻礼服"。相对于较为正式的传统礼服，"轻礼服"的款式风格更为丰富，穿着场合更多，受众人群也相对广泛。同时，"轻礼服"可以抛开一系列烦琐的线下试穿步骤，缩短消费者在购买时的决策时间。在此后数十年的发展中，Ever Pretty也一直坚持只做礼服裙，做好每一条裙子，集中精力打造精品模式，为全球女性提供时尚礼服。

二、自主设计和重视产品质量

Ever Pretty有专业的设计师团队，从而保证其产品具有独特性并拥有知识产权保护。首先，虎门的设计团队和工厂都会进行新品设计、审版、打版生产。其次，生产完的样衣会寄到苏州的营销中心，由各个电子商务平台的运营团队审版。最后，这些经过层层筛选的裙子还会寄到Anna手中，Anna首肯的产品才会大量投入生产，整个过程通常需要2个月的时间。同时在生产加工上，像裙子上的亮片、珠子等都是纯手工缝制，工艺非常精细。慢工出细活，是Ever Pretty对品质的一贯坚持。

三、不断优化供应链

早年的时候，Ever Pretty 还是属于供货商拿货的模式。但是时常断货和无法持续保证的产品质量让品牌经营困难重重。现在 Ever Pretty 的供应链涵盖三个地区：设计与物流中心位于东莞；营销中心位于苏州；海外仓、营销和客服中心位于美国。这条供应链平均每月可以产出 4 万多件的连衣裙，同时拥有 30 万件的现货库存量，足以支撑品牌的销售。同时，完善的后端供应链加快了店铺上新频率。现在，Ever Pretty 能做到每天上新，每次上新 2~3 款。

四、重视客户关系管理

Ever Pretty 速卖通店铺曾经在运营中，被一名俄罗斯高中女学生 Tommy 在官方 Feed 留下评论，她热情地表达对裙子的喜爱和自己想要拥有的愿望。考虑到中学生的经济水平，运营人员决心满足她的心愿，发起了通过转发 Feed 帖子随机抽取一名用户送裙子的活动，特意抽中 Tommy，送给她中意的裙子。另外，Ever Pretty 了解到更多的肥胖女性因无法找到合身漂亮的礼服而烦恼的事情，专门开拓了大码礼服专栏，为肥胖女性提供凸显身材而且很遮肉、具有设计美感的礼服裙。类似的事情不止一件，从中可以知道，Ever Pretty 非常重视客户的需求，在客户关系管理上不遗余力。

五、精耕站外营销推广

注重品牌营销策略的组合运用，尤其是在脸书上，相比其他服装企业，Ever Pretty 做出了很好的表率。脸书是全球规模最大的社交媒体平台之一，全世界超过 11 亿注册用户。脸书注册用户的平均教育水平和收入水平相对较高，以中青年居多，主要分布在欧美等发达国家，具有很强的用户黏性。他们大部分是社会精英和家庭顶梁柱。

Ever Pretty 在脸书搭建了一个生态系统，包括 Ever Pretty 官网（图 4-5，https://www.ever-pretty.com）、脸书商铺、脸书主页、脸书小组和社群等，在脸书打通了 Instagram、推特、Pinterest 大热的社交媒体平台。在这个完整的生态系统里面，可以看出，Ever Pretty 以脸书为基站，辐射全球，而速卖通店铺作为其品牌的其中一个渠道，是这个品牌生态系统的一部分，这也是中国品牌出海最常见的一种战略模式。

在脸书发帖方面，Ever Pretty 保持 2 天一更新的频率，日均发帖数量不超过 2 个。此外，每个帖子更新的间隔时间在 8 个小时左右。帖子的内容一般分为上新帖和潮流时尚帖两种。在运营方面，把网红营销常态化，因为网红达人不仅能做到品牌推广和站外引流，还能提高客户对自建站和平台的信任度，所以 Ever Pretty 已经跟上百位欧美网红形成长期稳定的合作关系。同时在脸书主页运营过程中，Ever Pretty 经常处理客户的投诉和客户差评。面对客户的投诉和差评，Ever Pretty 官方每次给出的答复都很专

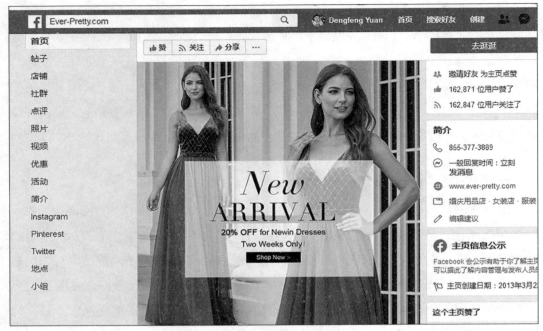

图 4-5　Ever Pretty 官网

业、耐心。面对客户在帖子下面谈论自己碰到不如意的购物体验，虽然有些是在其他平台上购买出现的问题，官方仍然耐心解答，给出解决方案。

案例 4-4　办公室小野出海，野蛮生长狂捞金

2019 年，一张 YouTube 达人榜截图刷爆了自媒体，办公室小野以 YouTube 月入 450 万元，登入华人 YouTube 榜首（图 4-6）。

经证实，本截图来自数据平台 NoxInfluencer，这是一家专注于海外网红营销的数据平台。经办公室小野背后的洋葱集团国际化负责人晋煦证实，实际收入数字达不到第三方数据平台所预估的 450 万元，具体数字不便透露，但整体收入还算可观。他含蓄的说法证实了办公室小野的的确确实现了视频内容变现，在目前视频创作变现难的现状中，这个成绩让国内的新媒体行业从业人士眼红不已。同时，作为一枚资深跨境电子商务从业人士，也为之振臂欢呼。近些年，跨境出海的热度居高不下，跨境电子商务、跨境品牌、跨境资本和内容出海等频繁被提及，但是这每一条赛道都充满竞争，厮杀在所难免，真正沉淀下来的企业有多少？真正坐收红利的企业又有多少？至少目前来看，办公室小野在内容出海和社交媒体营销这个板块，给了我们很好的启发和指向。

图 4-6 办公室小野 YouTube 页面

截至 2019 年 8 月 16，办公室小野的 YouTube 频道订阅数近 719.76 万。距离截图流传出来的时间不到 3 周，订阅数从 699.7 万到 719.76 万，涨粉 20 万，这个增速不容小觑，同时也见证了办公室小野在国际上的人气之高，影响之广。

办公室小野在脸书上表现同样不俗。在脸书上拥有 479 万粉丝，远远超过一些大牌明星；总赞数 401 万人次，观看时长超过 5.2 亿分钟（截至 2019 年 8 月 15 日的一周时间内，脸书粉丝增长超过 1 万，图 4-7）。

图 4-7 办公室小野脸书页面

作为一个成功的国内短视频 IP，办公室小野在国内坐拥 4000 万粉丝。自 2017 年开始，其以 Ms Yeah 身份进军海外市场，并在一年的时间内完成了从 0 到 100 万粉丝的发展里程碑。2019 年 8 月，办公室小野在 YouTube 上拥有 719 万订阅者，稳居中国区第一的位置。该频道截至 2019 年 8 月在 YouTube 被观看次数为 15.8 亿次，观看时长 55 亿分钟。

办公室小野最早入驻脸书的时间是 2017 年，发布了电熨斗烤肉视频，获得了 194 万播放、1080 条评论、3601 次分享、4.2 万人次赞。随后紧接 5 个脑洞清奇的美食视频，让办公室小野迅速火遍整个脸书。

截至 2019 年 8 月 15 日，办公室小野脸书近一年的播放情况为：总播放量 7503.98 万次，总评论数 36 784 次（图 4-8）。

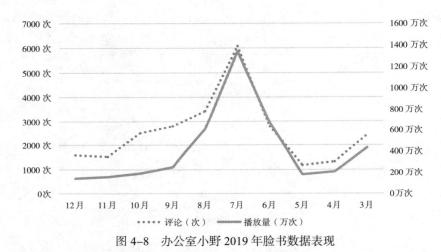

图 4-8　办公室小野 2019 年脸书数据表现
（资料来源：湖北楚马教育咨询有限公司）

启发性思考题

1. 短视频作为引流的手段之一，其优势是什么？
2. 短视频怎样才能有效实现引流变现？

案例指引

从当前的数据来看，办公室小野 2019 年的数据表现大不如前，整体的平均播放量 88.28 万和评论数 432.75 万，大大低于均值 297.83 万和 3199.57 万。最平稳的表现是 2018 年的数据，230.32 万次平均播放量和 2468.48 万次评论数是比较接近均值的。表现最好的数据是 2017 年。截至 2019 年，最高的一条视频播放量 4388 万和 107540

条评论,也是这个阶段的作品。这个阶段的作品,平均播放量超过1140.04万次。而2018—2019年破1000万播放量的视频数量只有1个。当然,前两年的作品,有部分原因是经过了两年时间的沉淀和积累传播,达到这样的高度。但毋庸置疑的是,早两年的辉煌战绩很难再创高峰。

为什么办公室小野取得如此傲人的成绩,能够成功走向国际?中国互联网领域出海的成功案例主要是工具类产品,如猎豹、WiFi万能钥匙等。文娱领域由于文化隔阂的存在,始终没有很成功的案例。短视频领域国内一片火热,但能走红海外的几乎没有,办公室小野是一个例外,它是如何克服一直以来中国红人在进军国外市场时水土不服的通病呢?

在脸书上,主流的博主分为五类:音乐类、游戏类、电竞类、美食类及母婴类。就像小野的办公室系列短视频一改美食短视频清新、唯美的套路,以多元的跨界思维与强大的生存技能将办公重地变成趣味厨房,将小野的内核精神"办公室不只有KPI,还有吃与远方"完美演绎出来,这份独特让粉丝们过目不忘。同时,凭借超越正常人类的清奇脑洞和堪称"泥石流"的烹饪画风,办公室小野在微博、脸书、YouTube上迅速圈粉。

视频中的小野,没有台词,也没有过多表情,在某种程度上她只是一个表演的道具。而节目主打的美食创意做法,没有复杂的剧情,没有时髦的文字梗,无需特定文化背景才能理解的典故。有的是一个又一个让人发出"哇,还能这么玩"感叹的创意。比如,电熨斗烧烤牛肉、书本加上锡纸做成的烤盘、正负极电流打火、月饼做鱼饵钓龙虾等,都让粉丝们尖叫不已。只要具备相关的生活背景和理解能力,不分国度、不分种族、不分年龄,人人都能欣赏小野层出不穷的创意。理解门槛越低,受众群体就越大。

从定位到题材,再到视频风格,主打脑洞创意的小野简直就是人人比美、比出格、博出位的网红界的一股清流,让国外客户惊呼"中国美食还能这么玩"。

中国网红要出海的话,如何做呢?

(1)从语言上来说,没有语言障碍的内容最好,这样就可以覆盖到全球用户。所以视频尽量不要台词,这样就可以巧妙解决语言不通问题,毕竟英语不是我们的母语,如果没有极好的口语技术支撑,视频可能带来满屏的尴尬。比如,小野在制作美食过程中,从来都不讲话,但是我们仍然看得懂。

(2)哪类品类比较符合做没有台词的视频呢?比如,宠物类、美食类、创意玩具类等。像李子柒,2019年她在YouTube的订阅量仅次于小野,她主打的特色是"古风"+"美食"这两类标签，视频全程少有对话。只要有一定生活背景和常识，理解视频内容还是很简单的，所以李子柒的作品仍然被国外友人追捧。还有儿童玩具的拼装过程或是玩玩具的视频，都是非常好的切入点。

（3）优秀的运营能力。我们先来分析一下大环境，中国网红出海的平台，首选YouTube、脸书、Instagram。这三大主流平台推送的内容侧重点都不太一样。YouTube的主要运营目标就是帮助用户找到他们想找到的视频和最大程度地提高观看者的参与度和满意度。YouTube最看重的指标之一就是播放时长。脸书主打社交互动。例如，评论、转发、评论回复、分享链接、视频播放率等体现账户和粉丝的黏性和互动，就成为重要的指标。Instagram的算法核心是账户互动率。一旦一条内容在一段时间内收到大量的转评和点赞，系统就会自动识别并派发给更多的用户，起到滚雪球效应。Instagram鼓励发帖人与用户多多沟通，评论互动会影响内容的曝光率。运营团队应该根据平台运营特点，有针对性地做相关运营营销工作。

（4）网红IP性格魅力塑造，打造人设。国内流行歌手吴莫愁的成名之路和Gaga很相似。Gaga独特的设计风格和搞怪的造型能迅速抓住人的眼球，让人过目不忘。因此，人设打造是当今和其他红人做区分最好的助力器。

（5）商业变现能力。网红在内容流量和广告变现这块，必须要打造自己的核心竞争力，才能体现商业价值。

（6）优秀的团队扶持。像小野这样的网红，背后有专业的本家洋葱集团一手扶持。对于没有专业海外运营能力的网红来说，找一个靠谱的提供内容出海服务的公司也很重要。

案例 4-5　营销过程中如何甄别网红？

近日，速卖通卖家小楚收到一封来自意大利客户 Di Natale Rosaria 的邮件（图 4-9），表示希望合作。

邮件内容如下：

Hi, my name is Di Natale Rosaria and I am a great Aliexpress Italian customer. I requested the free article that you made available in exchange for the review, I don't know how the choice of winners works, maybe I am disadvantaged being Italian and not having posted many feedbacks yet, even if on this last step I intend to remedy soon. I would be very interested in being able to review your articles in exchange for your free articles, I am very

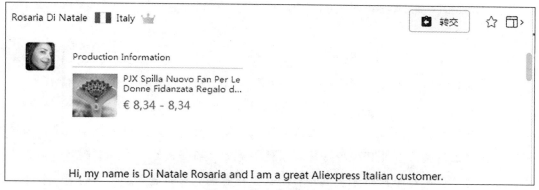

图 4-9 来自客户的邮件

social, only on my private profile of facebook account about 5000 friendships, on Google + almost 9000, moreover I have a personal blog and instagram profiles, pinterest, I'm also registered with hundreds of creative groups, many followed by thousands of followers and I regularly share my creations and my experiences with the various brands. I would like to collaborate with your company, in exchange for your articles to post on my social and blog my opinion and I will advertise, I leave you the links of my social networks so you can see personally what I create and what I follow.

Personal profile facebook https：//www.facebook.com/rosaria.terranova.73

Fan page https：//www.facebook.com/LePassioniDiSara/

Google + https：//plus.google.com/u/0/+SaraNatale

Instagram https：//www.instagram.com/rosariaterranova70/

Pinterest https：//it.pinterest.com/SaraTerranova70/

Twitter https：//twitter.com/sweeth70

Here are the links of some of my reviews posted on my blog and then shared on various social networks, the photos are clickable and lead directly to the page of the various articles, I am very meticulous in this：-）

http：//lepassionidisarabloggermamma.blogspot.it/2018/03/alla-scoperta-delle-migliori-aziende.html

http：//lepassionidisarabloggermamma.blogspot.it/2018/02/alla-scoperta-delle-migliori-aziende.html

Hoping for your positive feedback I leave my address to show you my seriousness

Di Natale Rosaria

Via Rattazzi 4 96010 Solarino（sr）Italy

340/3957293

E-mail terranova66@tiscali.it

Best regards

Rosaria

看到这样的邮件，小楚又是欢喜又是忧愁。欢喜的是，网红自动找上门来，省去了自己找网红的精力。并且这种通过卖家免费寄送产品给网红，网红拿到产品后，帮你通过社交平台进行推广的方式，具有成本低且效果突出的优点。忧愁的是，自己无法识别该网红的真实性，同时对网红的推广效益也缺乏有效的预测方法。如果达成合作寄送产品后，该网红会不会联系不上，会不会不履行先前的合作，不给我们推广了？会不会是跨境电子商务骗局？

因为先前有过这样的案例，毛遂自荐的网红，找商家小楚谈合作。小楚说道："经过多次交谈，对方合作意愿强烈，而且他的粉丝受众都比较喜欢3C产品，和我们的产品关联性较为一致，虽然粉丝量大概是14 000人，但是我们看中他合作的诚意，约定达成了合作，给他寄了一款新产品。确认收货后，我们联系他，催他写软文推广，他就开始推三阻四，迟迟交不出来。直到最后，电话不通，消息不回。因为达成的合作是口头商议的，没有足够证据支撑。且这个金额50美元的产品，额度不高，不好立案。"碰到这种情况，一般的跨境电子商务卖家，包括小楚，也只能哑巴吃黄连，自咽苦果。

对于此次的网红合作，小楚该怎么办呢？

（资料来源：湖北楚马教育咨询有限公司）

启发性思考题

1. 站外推广的方式有哪些？
2. 请列举3位走出国门的中国网红，并对网红进行简单介绍。
3. 如何看待当今国内的网红经济呢？

 案例指引

随着跨境电子商务如火如荼的发展，各大跨境电子商务平台付费流量成本越来越高，像亚马逊的点击广告（cost per click，CPC）、速卖通的直通车，费用是水涨船高。但是海外的社交媒体，如10亿月活的Instagram、20亿月活的YouTube、24.1亿月活的脸书等，无不暴发着强大的流量入口，受众面更广，而且社交媒体传播速度

快，占领这个阵地做营销推广，运作好的话，流量大，见效快。尤其是国外社交媒体 Instagram、脸书和 YouTube 的博主红人，很多都是行业 KOL，拥有高人气和粉丝基础，在商业变现这块，如做产品测评、广告文案推广等，吸引粉丝点开推广产品链接甚至购买，转化率的表现还是相当可观的。

小楚对这个市场非常感兴趣，但是害怕上当受骗。我们来看一下在跨境电子商务中如何甄别网红的真实性。

（1）网红留下了诸多的社交媒体账户，点开链接，查看其粉丝量、粉丝活跃度、整体风格和特色是否符合我们的产品；从作品的播放量和评论数可以判断其粉丝黏性。通过查看这些基本数据，可以初步判断这个网红是否有合作的必要性。

（2）如果各方面条件比较合适，我们可以加网红的 whatsApp 或者是国际微信账号，给网红打视频电话，确认是不是本人。或者是让网红在指定的社交媒体发一条新动态，类似一种暗号，如要求网红在 Instagram 上发一张玫瑰花的图片新动态。如果动态如你要求更新了，大致可以证明是真人。一般这两种方法是能够比较好地检验网红的真实性的。

鉴定完身份之后，对于此次合作，我们通过其提供的社交账号，看一下其实力。主要通过以下几种方式。

（1）通过网红提供的社交账号的粉丝量判断。对于这种自己找上门的网红，粉丝数量（图 4-10）有限的情况，一般不考虑合作。

图 4-10　查看到的网红 Instagram 页面

（2）最简单最快速的方式就是使用第三方平台。像 Contentblvd、Brandbacker、Influenster、IZEA、Hyprbrands、Scrunch、Markrwatch、Famebit.com 等都是专业的网红集合平台。卖家可以在平台上发布自己的需求及报价等。平台上很多红人靠测评吃饭，如果你的出价合适，会有人给你发信息，提供他的相关情况。谈成合作后，一般平台会收取这笔订单一定比例的佣金。这种方式成本高但效果相对较快。

（3）利用社交平台搜索框寻找合适的网红。如果预算不够的话，通过搜索的形式寻找网红是一种低成本的方法。假设我们现在来找一位时尚博主，帮我测评和推广女装，拿 YouTube 来说，我们在搜索框输入"dress"（图 4-11）。

图 4-11　YouTube 搜索框运用

很快在首页的第一个和第三个视频，标题和视频封面看起来比较合适（图 4-12）。尤其是第一个视频，整体播放量 913 万，在封面出现速卖通的标志"Aliexpress"，证明这个博主已经和速卖通上卖家有过合作了。

点开视频，是她试穿了卖家寄给她的衣服。她身材高挑纤瘦，衣服剪裁合身，并详细讲解了衣服的款式面料和穿着体验，给粉丝做了很好的穿搭示范。

同样，视频配文附上了试穿 4 款衣服的购买链接（图 4-13）。此视频播放量 913 万，粉丝点赞数 13 万人次，5300 人不喜欢这个视频，评论数为 4697 人次。从这个数据来看，这个博主的粉丝质量不错，活跃度高，黏性较强。

项目 4　跨境电子商务品牌营销

图 4-12　YouTube 搜索框运用

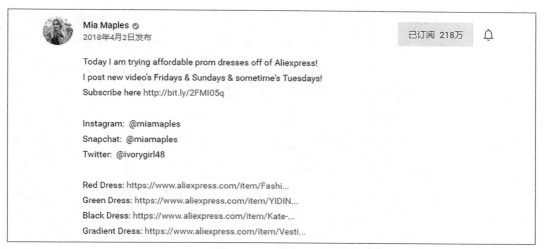

图 4-13　YouTube 上红人视频配文

　　点击进去她的频道主页，查看她的相关资料（图 4-14），Mia Maples 是 2013 年 2 月 14 日入驻，粉丝量 218 万人，同时她在推特和 Instagram 上都有频道。如果我们想找她合作，她的简介没有留下邮箱地址，我们可以通过站内信的方式或者社交平台 Instagram，或者推特联系她，进一步谈合作事宜。

　　当然像这种大 V，一般对推广的产品、卖家资质等要求比较高，而且收费也比较贵。在 YouTube 上，根据 KOL 粉丝量的大小，可大致分为：超红（粉丝量大于 100 万）、

97

图 4-14　查看网红主页资料

大红（粉丝量为 10 万~100 万）、中等（粉丝量为 1 万~10 万）、微红（粉丝量小于 1 万）四类。粉丝量越小的 KOL，越容易回复商家的合作邮件，因为对于相对拥有大量粉丝的 KOL 来说，其收到商务合作邀请的机会少很多，所以他们在跟商家合作的时候，回复率、回复速度和合作程度都相对较高。如果你的资质不够，你可以试试继续找一些粉丝量少一些的博主。当然，我们一定要甄别博主，查看网红的粉丝量和粉丝活跃度、网红整体风格和特色是否符合我们的产品，作品的播放量和评论数以及粉丝黏性这些关键数据都能给我们后期合作提供保障。最后，我们在筛选网红的时候，可以借助网站 socialblade.com，输入网红名字，查找其在各大社交平台上的排名、视频数量、订阅者和播放量，可以对其整体实力有一个大略的把握。如图 4-15 所示，是 Mia Maples 的整体数据，证明她确实是有实力的。

最后，搜索网红也是不错的方式。我们直接在搜索框中输入关键词，如 "dress blogs"，搜索首页显示，已经有很多相关博客总结（图 4-16）。再去仔细筛选和我们产品匹配的内容和博主。不过越是细分领域的博主，粉丝数目可能会越小一些，这个时间筛选成本就会高些。

找到网红后，如何和网红取得联系、求得合作呢？主要的方法有：①尽量用国际邮箱与网红联系，如 Gmail 或者 Foxmail，最好不要使用 QQ 邮箱。②如果没有邮箱，去网红的社交账号取得联系。③沟通邮件最好简洁明了，介绍自己，说明来意和合作方式，表明对网红的喜爱，并分析网红和自己产品的契合度，态度要诚恳。关于这个

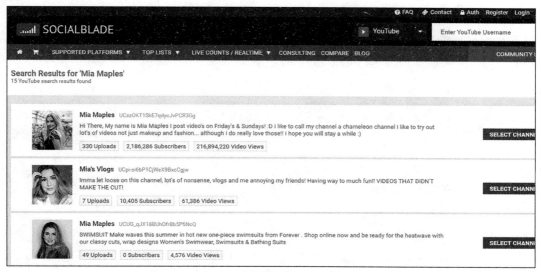

图 4-15　查看网红的整体数据

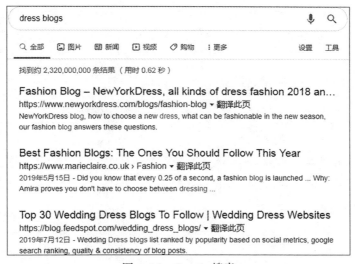

图 4-16　Google 搜索

合作方式，最常见的就是给网红免费寄送新品，或者是给网红产品销售额的分成。方式有很多种，具体看怎么谈这个合作，争取双赢。另外在网红的选择上，实际上找 10 个拥有 5 万粉丝的博主去推广的效果，也有可能胜过一个拥有 50 万粉丝的博主。所以不要迷信大 V，合适的才是最好的。

网红推广的效果是决定是否与该网红继续合作的衡量标准，我们该如何来追踪网红的推广效果呢？第一种方法就是把产品链接生成短链接（一般适合亚马逊），通过反向链接来追踪推广效果。第二种方法就是生成网红专属的粉丝折扣码或者是专属优惠券，粉丝购买的时候，留下备注粉丝折扣码，后台客服修改价格，或者是直接使用优惠券，这种方式国内网红推广中比较常见。

案例 4-6　Shein：领先平台的发展步伐

2018年2月6日，脸书联合毕马威发布本年度中国出海最著名的50个品牌。一个国内消费者不甚熟悉的快时尚品牌——Shein在消费电子品牌主导的盛况下居于所有同类跨境品牌的首位，并且是全球速卖通平台上唯一一个连续3年荣获出海十大品牌称号的品牌，被誉为"中国的Zara"。

Shein是最早进入全球速卖通的商家之一，并且是以品牌商家的身份入驻。早期速卖通以个体商户为主，他们提供了海量的商品，但是产品质量参差不齐并且缺乏科学流程化的管理和服务经验，使得平台乱象丛生，一度出现国外口碑平平、网站流量偏低的情况。Shein作为一个自主品牌，有优秀的产品质量与完善的经营体系，却不能在平台上获得相应的流量与口碑。对此，Shein采用了站外引流的模式，从而在速卖通平台站稳脚跟。

Shein的客户群定位是16~30岁的年轻女性，她们热爱生活，喜欢分享，讨厌生硬的传统广告，但容易受到KOL的引导。2012年，Instagram的兴起，让Shein创始人许仰天捕捉到了网络红人带货的可能性，率先抓住了KOL经济的红利。与符合品牌形象的网红进行合作，借由她们推广产品，主要的形式是图文（图4-17）。起初，Shein所有流量都来自KOL网红商品的转化，ROI高达30%以上。

为了与消费客群的生活方式相贴合，Shein开始研究不同的产品展现形式，和海外网红开启了不同程度的合作，图文、直播一应俱全。同时，Shein还保持对新兴社交媒体平台的高度关注，在抖音国际版上线初期就已经考虑短视频与产品的结合形式（图4-18）。

图 4-17　Shein 品牌 Instagram 页面

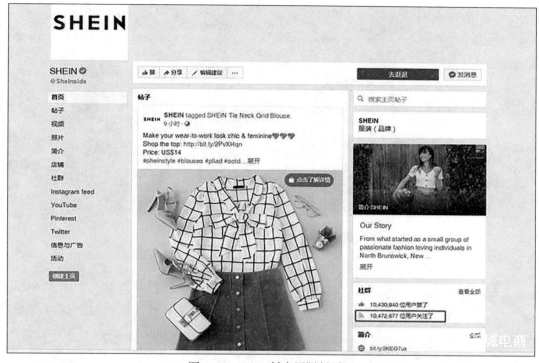

图 4–18 Shein 抖音国际版页面

社交媒体平台的暴增，引起了内容的泛滥，KOL 红利逐渐消失，为了避免陷入高成本、低流量的境地，Shein 开始重视传统媒体，尝试投放电视广告与 YouTube 广告，宣传的重点从单一系列的产品转变为品牌本身，提高品牌的认知度。

自 2014 年开始，最先瞄准欧美市场的 Shein 开始搭建仓储系统，建立美洲仓、欧洲仓。次年收购北美本土服装品牌 MAKEMECHIC，大幅提升北美市场份额后，成立美国客服中心，专门为北美消费者服务。

欧美市场运营成熟后，Shein 开始瞄准小语种市场。2015 年，Shein 在印度本地建立了专业的团队，独立负责当地的高效物流、客户服务与营销推广任务。针对印度市场，Shein 希望能够与当地明星推出联名合作款服饰，培育本地设计师，探索印度与西方文化结合的设计美学，给印度市场和西方市场的消费者带来耳目一新的产品。

Shein 于 2010 年开始建设品牌独立网站（图 4–19），为消费者提供产品展示、应季流行趋势展示、商品选购等线上服务。2018 年，Shein 已经拥有西班牙、法国、俄罗斯、德国、意大利、澳大利亚、中东、印度等多个站点，注册人数突破 2000 万，实现了流量积累和品牌沉淀。

图 4-19 Shein 独立站页面

图 4-20 Shein App 界面

独立建设地域性网站之后，2015 年 Shein 收购深圳库尚，在移动互联网领域提前布局，酝酿商机。2019 年，Shein 独立运营的购买选品 App 正式上线，在中东地区实现 2 亿元人民币的销售额（图 4-20）。目前 Shein 在阿联酋及沙特阿拉伯的购物类 App 中位列前十。

Shein 未来的目标是以 O2O 模式（online to offline），即在海外市场将线下商务机会与线上电子商务相结合，以推进品牌本土化，占据更多的市场份额。

2019 年，Shein 在印度市场发布了从乡村风格到都市风格的波西米亚风，从派对风到度假风的服饰，剪裁、轮廓与季节相衬，印花和色彩柔和自然。该系列是与演员 Shibani Dandekar 发布的夏季联名，借助本土女星的话题度与口碑，使得 Shein 能够与印度本地消费者迅速联结，在社交平台引发讨论，广受好评。

为了避免高额的本地置店成本与传统店面带给消费者的审美疲劳。在未来，Shein 将重点在各个本土市场布置"快闪店"。在德里成功举行"快闪"后，Shein 印度品牌负责人表示："由于我们在网上得到了很好的回应，我们现在希望消费者可以通过快闪店来感受 Shein 的魅力。它将展示我们夏季的最新款、线上热销的单品以及惊艳的配饰等，很多都会以促销的价格呈现。"

如今，Shein 旗下商品被运往 230 多个国家和地区，2018 年企业规模达 4000 人，年收入达 100 亿元。

（资料来源：湖北楚马教育咨询有限公司）

启发性思考题
1. Shein 的站外引流方式对同类跨境品牌有何借鉴意义？
2. 第三方平台运营对跨境电子商务品牌而言有哪些优劣之处？
3. O2O 模式能够给跨境品牌带来哪些新思考？

案例指引

Shein 的平台运营措施对于国内同类跨境平台具有重要的借鉴意义，其措施主要针对第三方平台存在的三大问题——流量不足、跨境物流限制、商家运营自由受限。

通过自行引流，Shein 在平台真正引流之前积累人气和口碑，削减平台内效果不甚理想的服务转化费用，当平台真正迎来大批流量时，依旧可以凭借自身口碑与坚实产品基础，分享到用户红利。而其动态变化、与时俱进的引流形式、内容与渠道，能够始终贴合消费主体的日常生活，并实现最大变现。

对于 Shein 而言，第三方运营平台最大的劣势之一就是跨境物流，以速卖通为例，其旗下的无忧物流在世界范围内仍然是点状小范围辐射，并未连接成完整的跨境物流网络。对依赖平台物流的商家而言，主要有两方面的限制：①市场范围选择的限制，只能定位跨境物流体系成熟的国家或地区，但需要面临相对激烈的海内外竞争。②物流会与商家总体服务挂钩，不完善的跨境物流会让商家服务大打折扣，影响消费者的购物体验，相当影响商家评价。

Shein 认为，过度依赖平台会影响品牌决策与制定战略的自由度，因此不断地开拓海外市场，以此规避品牌在进入海外市场时存在的风险，同时有利于推进品牌本土化发展。在平台基础上，Shein 通过收购海外品牌、建海外仓，以及融合第三方平台提供的物流服务等多种形式，极大地保证了品牌在满足跨境物流需要的同时，又能自由地开展全球各地的跨境电子商务活动。

利用平台开展跨境电子商务活动，具有四大优势：成本低、ROI 高、现金回流快、风险分散。但利用平台开展跨境电子商务，同时也会受到第三方平台的限制，主要体现在：平台规则、玩法的变动容易打乱经营商家本身的节奏；平台需要商家让渡部分利益；平台的资源是面向所有入驻商家的，意味着要投入资金才能获取更多的站内资源。

Shein提出的解决方案是开设独立站点与品牌同名App。网站品牌是一个网站对外的口碑和形象，网站品牌影响消费者访问时对网站整体的期望和信任。网站品牌是能够带来溢价、产生增值的一种无形的资产，增值的源泉来自消费者心智中形成的关于其载体的印象。

截至2019年2月，全球移动端使用人数突破20亿，移动端消费支付已经成为现代人的重要生活方式。就速卖通平台而言，2018年全年交易额60%源自移动端。Shein通过独立网站与独立App为品牌自身留住了忠实用户，更易于促成消费忠诚度的产生。Shein在第三方平台的基础上，开展独立跨境运营，可以让消费者直接面对品牌，避免消费者的选择行为，使其更容易产生购买行为。

O2O模式能够更快推进品牌本土化、占据更多的市场份额，是众多电子商务企业倾向选择的发展方向。而快闪店（pop-up shop）指在商业发达的地区设置临时性的铺位，供零售商在比较短的时间内（若干星期）推销其品牌，通过短暂的惊喜刺激消费者的中枢神经，捕获一群善变、喜新厌旧的新兴消费群。

未来，Shein将采用线上平台销售、社交媒体推广与线下"快闪店"相结合的模式，以实现线上销售与线下体验一体的布局。

案例练习1　蓝弦：为中国制造寻找出路

2012年之前，成立10年的广州立伟电子有限公司是一家典型的代工厂，除了贴牌生产，也拥有自己的渠道在国内外开展批发销售，也曾经因"中国制造"小有获利。2008年经济危机的持续影响，使得工厂订单逐年减少，大批量外贸业务失去活力。持续做加工订单后发现，国外订单开始呈现碎片化、电子化的特点。

为了迎合这一转变，工厂痛下狠心，通过自主耳机品牌"蓝弦"实行B2C的转型计划。2012年，蓝弦入驻天猫、亚马逊等多个平台在国内外同时展开销售。就同期宏观环境而言，形势对跨境电子商务趋于利好。

1. 政策

2013年，广州成为六个跨境试点城市之一，2016年成为跨境电子商务综合试验区。

依托得天独厚的地理优势,广州后来居上形成相对成熟的跨境电子商务生态圈,并着力于创新监管体系、大力建设跨境电子商务产业园区、完善跨境电子商务公共服务平台、建立跨境电子商务产业链促进机制、建立线上线下融合机制、建立跨境电子商务促进外贸转型升级机制与培育发展海外仓。

2. 经济

2019年,中美贸易摩擦不断、国际地缘关系不稳定、多边双边国际规则重塑等给跨境电子商务的发展带来了不确定性。但"一带一路"带来的机遇对跨境电子商务从业者来说是积极的信号。中国与103个国家与国际组织签署了118份"一带一路"方面的合作协议,基本完成了与各国的对接;政府大力推动产能合作,建立物流、海外仓、保税仓等相关机构,带领企业抱团出海,同时加大口岸通关设施建设力度,提高口岸货物通关和人员往来便利化。

3. 社会

品质成为跨境网购核心标配,个性消费成为跨境网购新亮点。

(1)为迎合跨境消费者的需求,2016年速卖通两次提高入驻门槛,明确声明入驻商家必须匹配企业身份与品牌两种标识。

(2)官方对西班牙、巴西、俄罗斯及周边国家进行物流升级,意在提升消费者的购买体验、减少商家物流成本。平台的变化令蓝弦切实地感受到客群规模扩大与各国物流服务水平的提高。

4. 技术

根据数字整合营销公司 We Are Social 和社交媒体管理平台 Hootsuite 披露的最新数据,全球互联网用户数已经突破了40亿大关,全球有一半的人口"触网"。智能手机是全球互联网用户的首选设备,而其流量份额占比,比所有其他设备的总和还要多。

于自身而言,蓝弦一开始拥有很长的产品生产线,导致了较长的生产周期,同类型产品款式冗杂繁多,甚至多达三位数。笨重的生产运作模式也无法与求新求变、高速运转的跨境电子商务模式相匹配。成立品牌后,蓝弦做的第一件事就是精简生产规模。因此,蓝弦对这套大型生产模式进行断舍离,仅保留了其30%的产品,主要在头戴式耳机、便携式蓝牙音箱以及运动耳机等产品上投入研发,力求做精做强。

蓝弦的市场负责人表示,由于品牌前身主要从事生产工作,对于产品研发的投入会不留余力。目前品牌拥有30人左右的核心开发团队,负责产品整体研发,并且拥有多项外观专利、发明专利。

蓝弦多年的经营与市场调研证明,消费者逐渐不再一味追求产品价格的低廉,而是价格与产品性能的平衡,即性价比。蓝弦认为高端市场基本被国际一线品牌掌控,因此选择稍微下移目光,将目标消费群体定位为国外年轻消费者与专业耳机发烧友,选择中高端市场,用中端的价格提供接近高端产品质量的产品,直接实现客单价从2014年20多美元到2016年接近40美元的成倍增长,甚至比天猫高100~150元。如今,蓝弦在一众电子产品中脱颖而出,跃居速卖通平台国外消费者钟爱的品牌前三位,获得了较高的人气。

(资料来源:湖北楚马教育咨询有限公司)

思考:

1. 宏观环境的变动对跨境电子商务的发展有什么主要影响?
2. 长远来说,蓝弦的定价策略有哪几个方面的优势?
3. 未来,我国政策将会如何持续影响我国跨境电子商务业务的发展?

案例练习2　跨境电子商务 dropshipping 那些事

在跨境电子商务中,有一种奇特的现象:经常会有卖家被问到"Do you support dropshipping service?"。

或者是来自客户的询盘,如图4-21所示。

一般情况下,被问到的卖家都暗自窃喜有这样的合作机会。因为这意味着后期会有很多固定的订单,因为承运批发商(dropshipper)复购率高,对价格不敏感,黏性

图4-21　客户询盘

高，一般都会形成长期的合作关系，像这样的买家，卖家自然热烈欢迎。但是也有很多大卖家不愿意对接这些客户。那么dropshipping到底是什么呢，为什么有的卖家欢迎，有的卖家不愿意合作？合作时有哪些注意事项？该如何开展dropshipping生意？其实，dropshipping就是一件代发，是跨境电子商务的一种代发货模式，是供应链管理中的一种方法。零售商从供应商这里拿货，然后通过一定的渠道销售给客户。零售商不需要库存商品，而是把客户订单和装运细节给供应商，供应商将货物直接发送给最终客户，而零售商赚取批发和零售价格之间的差价。比如，供应商的产品价格是10美元，零售商售价50美元，当零售商这边来订单时，供应商负责发货，零售商纯赚40美元。它的特点就是不需要自己拿货，没有库存压力，没有大量的资金投入（主要费用在引流成本上），不需要客服，不需要自己打包发货。这种模式的核心在于如何选品和推广，不需要处理采购、发货和售后服务等相关事宜。在传统模式中，我们需要启动资金、仓库备货、推广引流等，需要美工、打包发货人员、客服人员等。而dropshipping是一种低成本、无货源的运营模式，甚至一个人就可以经营打理一个大店铺。在国外，dropshipping是一种非常流行的交易模式。随着跨境电子商务的发展，越来越多的海外dropshipper把速卖通、亚马逊、eBay等平台当成供货平台，在平台上寻找合适的供应商来合作。

像上述收到客户的备注或者是询盘，其实正是dropshipper在寻找可以合作的供应商。一般dropshipper关心的问题有：①是否接受dropshipping业务。②是否有自营的工厂。③发货地在哪里，从哪里发货，是否有海外仓。④包装上，是否可以把发票和客户营销卡片分出来。⑤是否可以提供高清图片。⑥相关的售后服务。⑦大批量下单是否提供折扣。⑧申报金额等特殊要求。具体来说，想要和dropshipper合作需要做到：①最好是有自营工厂，可以保证供货和产品质量。②发货地和发货方式，最好能有择优选择，如发往美国的订单，最好卖家有美国海外仓或者是支持e邮宝（e-packet）发货，尽可能提供快捷的运输方式，保证发货时效。③包裹里不能含有店铺信息及促销信息，因为dropshipper相当于中间商，dropshipper并不想其终端客户，通过相关店铺信息找到源头卖家，发现源头卖家更便宜，很有可能就不再继续在dropshipper手上买东西。这一点，至关重要。同时这也是一些大卖家不愿意合作的原因，因为对于大批量的包裹来说，很多流程是固化的，为了这些特殊订单，特殊优待，反而会降低发货效率。④良好的售后服务。例如，丢包、退回包裹等问题发生后，要给予客户良好的解决方案。⑤要有基本的图片库，方便卖家快速上架从而展开测试。这样的条件，对于很多卖家来说，都是一种挑战，特别是对于没有电子商务经验的工厂和贸易商而言，是一件很痛苦且高成本的事情。

目前看来，速卖通品类齐全，价格低廉，产品应有尽有。同时，速卖通相关的法规比较规范，对于有问题的订单，dropshipper可以在平台上避开纠纷维护自己的权益。

（资料来源：湖北楚马教育咨询有限公司）

思考：

dropshipper是如何通过dropshipping模式开展相关业务的？

[1] 李源，李静.营销模式升级下电商直播带货发展动因、问题及对策[J].商业经济研究，2021（21）：74–76.

[2] 赵星.抖音短视频对青年人消费行为的影响及对策研究[J].北京青年研究，2019（2）：58–61.

[3] 陈江涛，吴燕晴.基于Anker品牌实践的跨境电商自主品牌建设研究[J].经营与管理，2020（6）：91–94.

项目 5
跨境电子商务客户服务

学习目标

1. 了解跨境电子商务售前、售后服务知识。
2. 熟悉客户服务回复要领。
3. 掌握询盘步骤、报价、投诉处理、售后服务等技巧。

能力目标

1. 了解客户服务知识,培养售前、售后客户服务意识。
2. 熟悉客户服务回复模板,加以合理应用,适当提高相关问题的处理能力。
3. 掌握报价技巧,学会处理询盘、售后投诉,提高售后服务质量。

思政目标

1. 了解魅绅等我国跨境电商企业发展的良好势头,培养民族自豪感,加强爱国主义教育。

2. 熟悉富浩源等跨境电商企业如何构建竞争优势,树立科学发展观。

3. 掌握询盘步骤、报价、投诉处理、售后服务等技巧,培养精益求精的工匠精神。

基本教学组织方式

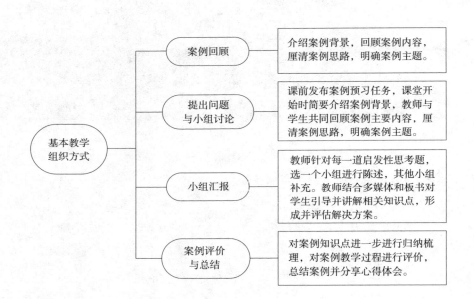

随着跨境电子商务的不断发展,各企业间的竞争日益激烈,产品的同质化和低价竞争愈演愈烈。如何在提供产品的基础上,提高成交量,成为值得深思的一大难题。根据全球著名市场调查研究公司尼尔森公司的统计,因不了解客户需求,不能提供满意的服务造成的客户流失高达78%,只有12%因对手的价格更低廉、朋友口碑推荐或自然改变偏好而造成客户流失。如今的跨境电子商务竞争,已不再是单纯的"价格竞争",更多的是"服务竞争"。从一定程度上来说,获得一个客户比留住一个客户要花费更多,老客户回购行为带来的利润也远远超过新客户带来的利润,而留住客户、提高回购率的秘诀就是卓越的客户服务,客户服务成为促成交易的重要一环。本项目将围绕客户服务——客服售前接待和客服售后服务,通过具体案例进行分析。

客户服务是指一种以客户为导向的价值观，广义地说，任何能提高客户满意度的内容都属于客户服务。跨境电子商务客户服务是指通过各种通信方式了解客户需求，帮助客户解决问题，促进网店产品销售的业务活动，包括客户售前服务、售后服务等。进行客户服务工作的人员称为客服人员，简称客服。

电子商务客服负责处理客户咨询、订单业务、投诉等事项，并通过各种沟通方式了解客户需求，与客户直接联系，以解决问题。一般跨境电子商务客服与客户沟通的媒介是电子邮件或电话等。

客户服务工作对跨境电子商务有什么重要作用？客服人员是客户了解跨境电子商务企业及其产品的重要途径之一，其对跨境电子商务的作用有：①打造企业品牌形象。客户在选中一家企业进行消费时，除了可以通过图片、视频、文字以及其他客户的评价来了解外，还可以向客服人员了解商品的信息，如材质、发货物流等信息，并且会与客服讨价还价，因此客服人员的形象直接影响企业的整体品牌形象。②促成交易。客服的主要工作职能是解答客户对产品的疑惑，进而促成转化，获得更高的评价。在这个过程中，客服人员所具备的专业知识，其与客户沟通时的态度、提供的服务都影响着客户的满意度，关系着交易能否成功。③提高客户的忠诚度。管理中有 20/80 原则一说，即 20% 的客户为企业带来 80% 的利润，忠诚、持久而稳定的客户群成为跨境电子商务企业最宝贵的资源。浏览成本的提高，使得很多客户在选择一家店铺后，如果对产品、服务感到满意，就很少会选择其他企业。这就需要客服人员能够充分了解消费者的需求、想法，利用自身的专业知识、沟通技巧来为客户提供准确又专业的高品质服务。④为企业止损。客户在购买过程中会对产品产生疑问，如产品质量、产品售后服务等，如果客服人员能够给予很好的解答，就有可能避免客户在产生购买行为后发起退货，或给予差评，减少企业经济效益的损失。因此，提供优质的客户服务，解答好客户的疑虑，有利于促进交易的顺利进行，为企业创造更高的收益。

案例 5-1 魅绅：如何处理好每一个询盘

魅绅（Mission）是一家专注于 B2C 业务的跨境电子商务企业。2008 年在深圳开始正式进军跨境电子商务业务；2011 年为扩大业务规模，开始进驻武汉；2012—2014 年，扩充了多条产品线，开发了多语种的运营平台，并注册系列知名商标，销售业绩一路高歌猛进；2015—2016 年，组织架构进一步调整优化，全面整合资源，管理水平及人员规模大幅提升；2017 年，为更好地满足业务战略发展的需求，魅绅的品牌之路由此应运而生。

在全球一体化的时代,魅绅凭借数据驱动全渠道运营模式,供应链垂直深度整合,目标是成为中国跨境电商领军企业。目前,成功开发和运用英、法、德、日、俄等多个国家语种的综合类外贸电子商务交易平台,同时凭借 eBay、亚马逊、Wish、速卖通、来赞达等第三方平台,通过快速渗入多语种市场的品牌战略定位,已在国内外注册多种产品的自主品牌商标,在高竞争市场环境中获得稳健发展。并且在 IC 类、家居类、母婴类等产品品类的基础上,不断丰富和拓展新的产品品类,为全球消费者提供更多的消费选择。截至 2016 年,魅绅已拥有多个国家的固定客户群体。在第三方平台上的市场销售额已占到公司销售总额的 50%~60%,并呈现出 B2C 网站与 eBay、亚马逊、速卖通等第三方平台齐头并进的趋势,实现了海外产品销售、客户服务、物流营运等一体化的运营管理体系。公司在欧洲、美洲、大洋洲等多个市场的电子商务交易额也一直在中国外贸 B2C 行业名列前茅。

在处理售前询盘方面,魅绅通常遇到的询盘类型大致分为三类:有意购买型、潜在/虚假购买型、特殊要求型。为了提高客服工作效率、提高客户满意度、订单转化率等,魅绅也总结出了适合自身业务的询盘回复模板。

一、有意购买型

询盘内容

Inquiry to Export Manager,

We've visited your website and have interest for the following items.

24V 500mA AC-DC Isolated Power Buck Converter. Item ID:×××

Can you inform us the price for about 1000pcs for starters and possible delivery date.

It's significant to know if the above mentioned item will be available in the near future.

Details of our company are as follows:

×××

×××

×××

Awaiting for your soonest reply because I'm in a hurry for this item.

——————————————

Best Regards,

×××

❖ 回复内容

Hello ×××,

Thanks for your E-mail!

This is xxx from ×××（店铺名）, glad to know you here. For 1000pcs, we can offer 52% off, unit price is $6.11 × 0.48=$2.93=$2.90. Total price: $2.9 × 1000=$2900. We will offer free express DHL shipping for you. But if you do not need the express shipping, we can ship them in several small packages. Since it is bulk orders, our factory need about 3 weeks to produce. And 1 week to transit time. So the lead time is about 1 month after payment received. About the payment method, we now accept Paypal, T/T Bank transfer and West Union. Please let us know which one do you prefer to use. We'll include the details in the proforma invoice at time. We have run business in electronics field for 6 years. And very experience in exporting all around the worldwide. Sincerely wish we could establish a long term and mutual benefit partnership with you. If you have any other questions, please feel free to contact us.

Have a nice day.

——————————————

Best regards,

×××

二、潜在/虚假购买型

1. 询盘1内容（客户已附上详细的公司信息）

Dear Sir or Madam:

Our company have been existed since 1996 and we sold relays modules cards in Europe 2 years ago. Can you check the list of products in the attachment, and give us your best distributor price list. Your best price is important for us to determine if we can resell your products to our distributors in Europe.

Quick answer will be appreciate.

❖ 回复内容

Hello ×××,

Thanks for your E-mail!

This is ×××, glad to reply you here. Please find the attached quotation. Sorry to say the discount price is not so attractive in the attached. Our current price showed on the website is really the lowest, thus we can not reduce too much there, hope for your understanding.

But we promise that we will offer the one to one service, and willing to solve any problems when bad things happened. The price is for your reference, not the final price. If you are gonna to place order at time, we can still make a slight change there. For orders reached $200, we can offer free express shipping.

Hope you could consider our cooperation.

———————————————

Best regards,

×××

2. 询盘2内容

Dear Sir/Madam,

I am writing to express my interest in your products. I will be very grateful if you can provide me with an illustrative catalog or brochure of the products and services that are available. Also, please tell me about the available varieties.

Your prompt action in this regard would be highly appreciated.

Thank you for your consideration.

Patrick Fitzgerald.

❖ 回复内容

Hi ×××,

Thanks for your E-mail!

This is ××× from ××× customer service, glad to reply you here.

We have wide selection of electronics. May I ask the main products or categories you are interested in please? Also, may I know more of your company please? Such as the company name, website or something else you could offer? It is very important for us to start the cooperation.

Hope to hear from you soon!

———————————————

Best regards,

×××

三、特殊要求型

1. 询盘1内容（具体规格要求）

Hello ×××,

I was wondering if you have the alligator clamps like I had purchased in the past available. Ideally I am looking for something slightly larger（90 – 100 mm length）. The ones we have here are working perfectly but we would like to start using something bigger. Do you have anything available in that size?

Thanks！

❖ 回复内容

Hello ×××,

Hope everything is going well with you.

We could offer the similar one with 100mm length for you.

Price：$3.0/pc.

Please find the attached pic for your reference.

But one more question：the MOQ is 20pcs, is that ok there?

If you need more in the future, we can offer a better price at time.

Hope to hear from you soon.

Best regards,

×××

2. 询盘2内容（发定制需求）

Hi,

We would like to know if you're accepting customized Heater Plate? Please advise as well.

Best regards,

×××

（已有对方详细信息）

❖ 回复内容

Dear ×××:

Thanks for your E-mail!

This is ××× from ×××, glad to reply you here.

Custom order depends on some factors, please help us to confirm the following info before we update to you.

（1）Size.

（2）Operating voltage.

（3）Power.

（4）Quantity.

Hope to hear from you soon.

Best regards,

×××

3. 询盘3内容（样品单）

Dear：

I want to get 3 solenoids as samples for testing in Berlin.

Please send them to the following address：

×××

All the best,

×××

❖ 回复内容

Dear ×××,

Nice to receive your message.

It is fine to offer samples.

But we dot offer free samples, though it is not expensive, but it's the company rule. Hope for your understanding. If it is ok, you can consider to buy 3 pieces at discount price of $3 /pc, total will be $9. Plus the standard shipping fee $3. Sub total is $9+$3=$12. Delivery time：2-4 weeks after items shipped. If you need it faster, we can also offer Express Shipping. The extra fee is $25. Total price will be $9+$25=$34. Delivery time：1 week after items shipped. When the bulk orders confirmed after the testing of sample, we can send the 3 or more solenoids to you as little gift to instead of the money paid for the sample order.

Or just deduct that price.

Best regards,

×××

（资料来源：湖北楚马教育咨询有限公司）

启发性思考题

1. 如何确定客户的询盘类型？

2. 有意购买型询盘、潜在/虚假购买型询盘、特殊要求型询盘，各有什么特点？

案例指引嵌入知识

询盘：又称询价，是指买方或卖方为了购买或销售某项商品，向对方询问有关交易条件的表示。在国际贸易的实际业务中，一般多由买方主动向卖方发出询盘。可以询问价格，也可询问其他一项或几项交易条件以引起对方发盘，目的是试探对方交易的诚意和了解其对交易条件的意见。

 **案例指引**

通过魅绅的案例，我们可以学习到如何处理好每一个询盘。不同类型的询盘聚焦点也会不一样，对于客服人员对产品的熟悉度、业务的掌控能力要求都会比较高。为了提高客服工作效率、提高客户满意度、增加订单转化率等，总结出适合自身业务的询盘要点至关重要。在处理售前询盘方面，魅绅通常遇到的询盘类型大致分为三类：有意购买型、潜在/虚假购买型、特殊要求型。

一、有意购买型

1. 特点

明确说出店铺的某个产品、需求数量、交货条款等，买家信息展示全面，询问专业，问题详细。

2. 分析思路

第一步：根据询盘分析内部业务情况

（1）根据买家提供的已有信息去核查并初步判断询盘真实性，能搜索到且信息一致，基本就可以判断是真实的询盘。如果对方有网址信息，稍微浏览一下，知己知彼，以便后面更好地交流跟进。

（2）进仓库系统查看相关产品信息，有货则开始报价。

（3）无货时则联系对应采购了解清楚产品细节，根据客户要求的数量（可视情况增加2~3个不同的数量区间），询问不同区间的价格、交货期、包装方式等。

（4）获取信息后，做市面批发价格调研。

（5）打开利润计算表格，计算底线价格，再根据自己账号的利润率要求情况，给出合适的报价（首轮报价不亮底牌，建议给中间价）。

（6）及时记录询盘信息到自己的工作表格，以便后期及时跟进。

第二步：根据业务内部分析结果及时回复及维护客户

（1）根据不同国家的客户特点，详细回复询盘中问到的信息。

（2）补充客户还未问到但可能会关心的细节问题。

（3）表明合作的态度。

（4）询问客户是否还有其他疑惑或者想要了解的，或者关心一下客户需要这个产品的用途，是短期项目需要，还是有长期需求。

（5）快速检查，注意邮件细节，如拼写、基础语法等。

（6）定期跟进，无限接触客户。

二、潜在／虚假购买型

1. 特点

（1）内容含糊，只表明对店铺的产品或者某个类目感兴趣，直接索取产品清单。

（2）可能性1：潜在客户，属于寻找供应商或是希望增加新产品类型的客户。

（3）可能性2：虚假客户，从询盘里难以获取足够的有效信息，属于批量发送的询盘。

2. 分析思路

1）针对潜在购买型

（1）结合买家的意愿，耐心找出对应的产品信息，填上报价单回传。

（2）根据情况推荐2~3款类似产品，最后用引导性的提问，多了解客户的信息。客户未必是最专业的，但是供应商必须非常专业，才可以主动在产品或贸易经验等方面引导客户。

（3）回复后两天客户没有消息，及时保持跟进，询问客户是否有收到邮件、是否哪里有疑问等。

（4）跟进后还未回复，想办法看能不能搜索到其他联系方式，多渠道沟通，站在对方角度假设几种常见的犹豫原因，以及对应的解决方法，一一列出来。比如：如果您对价格不满意的话，请告知我们您的期望价格，我们会尝试和工厂沟通；如果对我们的质量、运输时效不满意的话，建议您可以先下一个小单去感受，再考虑下长期的订单……

（5）在客户明确拒绝我们前，可以根据自己的工作安排多接触客户，告诉客户我们合作的态度。

2）针对虚假购买型

（1）可以试探性地询问具体意向，如对哪些产品感兴趣、联系资料，少部分是可以通过多次往复的交流，主观地甄别出来的。

（2）大部分客户在询问具体意向后都不会予以回复。如果后期客户回复的话，可根据实际内容再去进行联系，保持理智，切记过多泄漏产品信息。

三、特殊要求型

1. 特点

（1）店铺未上架产品，客户发了产品图或其他地方的链接信息。

（2）无图无参考链接，但说出了具体的规格要求。

（3）针对当前我们店铺的某款产品提出定制询问、要样品等。

2. 分析思路

（1）需要区分新老客户，若是新客户要加强警惕，先不急于回复，多了解客户信息，以防钓鱼询盘。

（2）若是老客户，即使提供了产品图，也要自己先排查看是否有侵权风险，如不确定先联系市场和部门经理，不要直接回复自己有这个产品、可以提供之类的话。

（3）需要积极联系是否能找到匹配的供货商，是否有实物图可以提供，以及产品价格、重量、交货期；如果是定制，是否能满足客户需求，以及需要客户提供哪些具体信息。

（4）不要小看样品单，有的样品单后期会促成持续的大单。要样品的，先权衡：价值低的可以让对方付运费，价值高的让客户直接买；印度、巴基斯坦索要样品的，不用耗费太多时间和精力，坚持让对方付样品费和邮费。

案例 5-2　富浩源：产品报价中的学问

深圳市富浩源能源科技有限公司（以下简称富浩源）主营跨境电商 B2B 以及 B2C 业务。公司位于深圳市，工程研发技术人员、管理人员以及生产人员达 300 人。公司主要经营范围包括电动工具电池、充电器、机器人替代电池等，产品工艺成熟，规格齐全。年销售额数亿元，产品远销欧美、日本、南美等 60 多个国家和地区，并且是一个集研发、生产、销售、服务为一体的高新能源企业。

富浩源拥有一支专业的客服团队，从售前、售中、售后都有适合自身产品业务的处理方式，这使得该公司的回头客越来越多，每年销售额都达数亿元。客服工作的重要性毋庸置疑，其中报价就是一门非常深的学问。从询盘到订单，看起来只是一步之隔，然而却正是这一步让很多外贸企业难以逾越，坐拥询盘却无法产生真正的订单。

而富浩源在报价上通过对询价客户分类，在不同阶段使用不同跟进的方式实现了将小客户培养成长期稳定大客户的效果，在同行业中脱颖而出。

富浩源将产品报价归纳总结为以下四步。

（1）首次询单报价（图5-1）。

```
Hi,
I would like to know the price for Fashion high quality anti-fog
double lens safty professional full face motorcycle scooter helmet
with clown cartoon patterns.
I am interested in buying 100 Peças.
Please provide us with a quotation.
Thank you.

发送位置：    BRAZIL  IP: 1*
```

图5-1 首次询单报价

（2）首次报价客户未回复后的二次跟进。

（3）首次报价客户对价格不满意后的二次跟进。

（4）客户询价产品不是自身已有产品，要求提供报价（图5-2）。

```
Xu Damien  2019-09-14 03:08
These are our derivative,most items came from our cooperatiing
factorys,some items using the chip of lightsaber
已读

John Bauer  2019-09-14 03:09
Can I work with you in getting these items?    翻译

Xu Damien  2019-09-14 03:10
yes of course Jay,we will charge less commission if you do not mind
已读

Xu Damien  2019-09-14 03:11
let me arrange quotation list to you to check first.What is the
quantity of each item you think?
已读

John Bauer  2019-09-14 03:11
```

图5-2 客户询价更多产品

（资料来源：湖北楚马教育咨询有限公司）

启发性思考题

1. 如何留住客户？
2. 如何提供报价？

案例指引

富浩源将产品报价归纳总结为四步：首次询单报价；首次报价客户未回复后的二次跟进；首次报价客户对价格不满意后的二次跟进；客户询价产品不是自身已有产品，要求提供报价。如此的产品报价中，包含了怎样的学问？

一、首次询单报价

1. 分析思路

第一步：分析内部产品情况

（1）了解商品批量价格。

（2）与物流商核算并优化物流成本：分别计算挂号和快递的成本价格，一般在量大时选用商业快递比分包发挂号更加合适，此时可以以免费发快递渠道方式吸引客户。

（3）对比平台单个出售价格进行报价。

第二步：及时回复及维护客户，说明自身优势

（1）对客户进行报价的同时说明货物送达时间，让客户在选择时作参考。

（2）向客户说明自身的服务优势，如发货速度、售后服务等。

2. 参考回复模板

（1）在产品应售价核算出来的利润率大于 20% 且发快递更便宜的情况下，回复模板如下。

Hello,

Thanks for your inquiry,

If you need xxx pcs, the price can be xxx include shipping fee, and we can send your package via express shipment for free, it can be arrived in xxx days, is it ok for you?

（2）当产品应售价核算出来的利润率为 15%~20% 时，快递和挂号哪个便宜选择哪个，如若快递更便宜，可以参考（1）的模板，如果挂号更便宜，可以适当地给点折扣。

Hello,

Thanks for your inquiry,

If you need xxx pcs, the price can be xxx include shipping cost, and we can send package in 24 hours, and just contact me if you have any problem. I will be very grateful to solve it for you, how about your comments?

（3）当产品以售价核算出来的利润率低于15%时，可以选择：①让客户使用店铺优惠券。②给客户发送定向优惠券。③给客户1~5美元的优惠。

Hello,

Thanks for your inquiry,

If you need xxx pcs,（① the price can be xxx include shipping cost, I have adjust the price for you, please check）（② you can use the discount coupons in our store）（③ I can send you a discount coupons）, we can send your package in 24 hours and please contact me if you have any problems, I will be very grateful to solve it for you, how about your comments?

二、首次报价客户未回复后的二次跟进

Dear buyer：

It is great to hear from you again. You inquired about my battery on August 15, 2019 and I sent you a company catalog at that time. How about your consideration or I could send you a second catalog if you need?

You are not the only importer in Brazil that has asked us about the battery. But they always inquired another kind of battery. I will introduce this kind of battery for you. And, also, I can help you to making a special sample for your Brazil market if you need.

We are a professional battery products manufacture with 10 years experiences in China. Our company can offer over 500 various kinds of battery products and monthly output up to 5 millions pieces. We are the best manufacturer that you can trust in China. The details for the product（as the attached photo）you inquired as following：FOB XXX, Min.Order：2000, Price：USD1.80/pc, Delievery Time：30 days after the receipt of send you a simple with catalog together.

I am looking forward to your reply!

三、首次报价客户对价格不满意后的二次跟进

（1）确认自身报价是否可以再次优惠，如果可以的话，则及时回复客户。如果利润率在10%以上，可适当再优惠，先了解客户想要的价格。

Hello,

Thanks for your reply, could you please tell me your best price? If yes, I can give you, because I really want to make a long cooperation with you, waiting for your fast reply.

（2）如果价格无法再次优惠，则利用自身的其他优势最终说服客户跟我们合作。

①获取客户线下联系方式，询问客户是否支持 PayPal 付款，降低平台费用。

Hello, do you have any other contact way? Such as Whatsapp or Wechat? For I can reply you timely and give you a good price timely.

②如果价格已经很低了，告诉客户自身的优势。

Hello, so sorry about that it is the best price now, but we can send your package in 24 hours, we can promise that our products have good packing and we also can provide good service, we really want to make a long cooperation with you, waiting for your fast reply.

四、客户询价产品不是自身已有产品，要求提供报价

1. 分析思路

第一步：分析该产品情况

（1）找公司对应品类的市场专员帮忙或者自己处理。

（2）核算该款产品的利润空间。

（3）寻找平台同款产品进行价格比对。

（4）确认该询价客户是否是店铺老客户，避免钓鱼风险。

（5）了解产品相关性质，排除侵权风险。

第二步：回复及维护客户

（1）询问客户心中的产品理想售价。

（2）如果是代购客户，询问客户每天的售卖情况。

2. 参考回复模板

Hello,

Thanks for your inquiry, we can find it for you, but could you please tell me your best price?

I can check it for you timely. But would you mind to tell me how many you sold per day now? If you can sold a lot per day, I can get a good price and give you a good price.

I look forward to seeing your reply!

Have a nice day.

五、个性化报价需要注意的知识点

富浩源售前客服在报价过程中做到具体问题具体分析，这是拿下一个订单的关键。

但是大多数刚进入外贸行业的业务员，通常把这个问题看得太简单，理所当然地认为定价及报价都是由领导统一规定，直接回复就可以，就是这一心理将很多潜在的客户拱手让人。所以，在报价过程中，应该把这一简单的工作复杂化，做到个性化报价。对于买家的身份、目的、背景及意向都应该进行分析，我们可以尝试去推测一个买家的喜好和特点，在这个基础上再去推荐产品和报价，这才叫有针对性的个性化报价。做到个性化报价还需要注意以下几点。

（1）是否收到询盘就开始报价？报价与否取决于对客户的最终判断。如果在询盘中，我们已经了解到客户是寻求合作意向的，那可以先以引导为主，报价非必要内容。询价，不一定代表客户现在的问题就是价格，或者其实客户连想要什么东西都不清楚，拿到询盘要先分析客户的真实需求点在哪里，这一点至关重要。了解到产品选择范围后，你的问题就会更具体，也就更接近购买者的真实意图。

（2）当客户购买需求不清晰时应该怎么做？如果客户有大概的购买方向，但还未明确具体产品，可以对系列产品做整体介绍，特别是关键的区别点应该在价格、性能、产品参数等问题上，但做这些的时候也要明确自己的意图，就是要挖掘客户的需求点，帮助客户筛选他想要的产品。为了更快地了解客户的需求点，可以直接推荐实例产品并进行报价，如热卖产品、具有代表性的产品等，并在这个基础上，引导买家提出自己的具体购买意向。总之是先帮客户做筛选，确定客户想要的产品模型，再进行报价。如果客户询价内容专业具体，那较好的做法就是直接给出有竞争力的价格，这样更加直接。

（3）报价还需要考虑买家地区、买家类型特点、市场特点、产品竞争热度、产品独有优势等因素。在报价中，针对不同的客户类型，报价会存在报高或报低的情况，并非都是统一的报价标准，高报价还是低报价是要根据客户具体情况而定的。例如，针对规模大、订单量大的买家，应该优先考虑低报价，但是也要在询盘沟通过程中强调产品功能、质量细节等，突出公司产品的独特优势及创新点，争取报价能适当高一些，从而保证订单的利润率。

独特优势一般是少部分商家才有的，大部分商家在这方面的优势都不突出。但更多是要靠自己去发掘出来，因为优势也分硬性和软性两种。硬性的优势如认证、专利、品牌等，这种优势有则有，没有则没有。而软性的优势如交货期、服务态度、售后服务体系等，这些优势是完全可以通过自身努力去达到的。例如，小工厂、小贸易公司，实力较弱，但是可以做到灵活处理每一种情况，重视客户的需求，及时调整产品满足客户需求等，这也是成功拿下一笔订单的关键。

案例5-3　爱尔兰最大零售电子商务平台Click.ie在社交网站上被围攻

2017年12月，爱尔兰最大的零售电子商务平台Click.ie在社交媒体上受到了激烈的抨击，愤怒的消费者表示，该商家交货速度太慢，可能会毁掉他们的圣诞节。Click.ie已就该问题向客户道歉，并请求人们耐心等待，他们将尽快将产品交到客户手中。

愤怒的客户持续在脸书上表达他们的不满，消费者Marie Sibbald联系《爱尔兰太阳报》(Irish Sun)表示，她很担心购买的产品没办法在圣诞节前到达。Marie Sibbald在11月14日Click.ie的黑色星期五大促中，分别为她的女儿和侄子买了一部手机，但Marie至今还未收到产品，她越来越担心产品无法及时到达。Marie告诉《爱尔兰太阳报》："我很担心，因为我不是唯一一个等待包裹的。我在脸书上发现了许多和我一样等待收货的人，他们也没有拿到手机，Click.ie也没有向他们发送任何消息。"Marie说，她拨打Click.ie的客服电话时，没有人接听，语音信箱已经满了。12月1日Marie向Click.ie发送了电子邮件。

Click.ie回答说，产品将在12月5日或6日交给快递公司DPD进行配送，一旦产品寄出，客户将收到快递追踪号。但Marie表示，她并没有收到任何的信息，"于是我再次发邮件给那个销售助理，告知他我并没有获得快递追踪号。"Marie在邮件末尾还补充了一句，"如果你无法及时给予答复，我将在本周末到韦克斯福（Wexford）商店购买。"

Click.ie在社交媒体上遭到了猛烈的抨击，因其网站中明确写明了"free and quick delivery"（免费快速交货）。

网友Elaine O'Neill Ivory说："我老公在11月27日在其网站上买了一部手机，上面标明了48小时内交货。一个星期过去了什么消息都没有，网站也没有确认出售。而且网站在27日当天就从我老公的账户中扣走了499欧元。"有网友回复Mairtin O Habhartaigh说："如果你在Click.ie网站上购买手机，不要指望客服接你电话，回复你的电子邮件、推特、脸书咨询。他们简直没有客户服务的概念，我在两个星期前在Click.ie买了一部手机，至今没有任何消息。""我收到的所有回复邮件都是自动回复。当我打电话给他们时，他们的语音邮箱都满了。"《爱尔兰太阳报》多次尝试与Click.ie联系，但没有收到任何回应。

但就在12月7日晚上，Click.ie在脸书上承认了快递延误一事，并保证客户会在12月11日前收到他们的货品。Click.ie表示："12月5日前的订单我们已经全部发货。

如果您还没有收到订单,请放心,我们将在 11 日晚上之前发货。请耐心等待几天,目前我们每天发出 500 部手机。再次感谢您的耐心与信任。"

(资料来源:https://www.sohu.com/a/210193323_115514)

启发性思考题

1. 一个好的跨境电子商务客服人员需具备什么样的条件?
2. 案例 5-3 给从事客户服务工作的企业和人员以什么样的启示?

案例指引嵌入知识

客户投诉:当客户购买或使用产品或服务时,对产品本身和企业服务都抱有良好的期望,当期望和要求都得不到满足时,客户就会心理失去平衡,由此产生抱怨和不满行为。客户投诉的处理解决可分为四个阶段:接受投诉、解释澄清、提出解决方案、回访。

案例指引

一、该案例中 Click.ie 存在的售后服务问题

1. 发货速度慢

Click.ie 在其网站中明确写明了"free and quick delivery"(免费快速交货),但交货时间普遍都超过半个月。

2. 客户服务差

(1)在商品销售后,没有与客人进行确认出售、核对信息等操作就直接扣款。在买家成功下单后,卖家的操作流程应该包括以下四步:①挑选并打包订单商品。②生成出货标签。③寄出商品。④向买家发送商品跟进通知的电子邮件,以便在发货时及时通知他们。

(2)没有及时回复咨询,客人收到的邮件回复都是自动回复。

(3)没有客服接听电话,语音邮箱爆满。

众所周知,良好的售后服务不但可以建立积极的品牌关联,还能极大地影响品牌忠诚度。调查显示,只有 20% 的消费者在经历了糟糕的送货体验后,会再次购买该商家的商品。那么在售后服务期间,商家可以抓住哪些机会来确保提供优质的客户服务?

二、正确的处理

1. 发货速度

（1）跨境电子商务较其他类型购物平台来说，物流服务尤其重要。根据电子商务服务平台 Natvar 和 YouGov 的调查研究，65% 的消费者表示，如果第一次购物时体验到了卖家消极的物流服务，那他们就会尽可能避免再次在此商家购买商品。因此，卖家要按承诺及时发货。如果卖家的仓库能在更短的时间内把商品打包好，并发到快递公司手中，就能更进一步提高发货的速度。例如，亚马逊一般系统默认发货是两天时间，这个发货时间可以在后台设置，如果超过设定的发货时间，将会影响及时发货率。同时自 2020 年 9 月 30 日起，在亚马逊"立即发货"通知邮件中规定的"发货日期"后的 7 个工作日内没有确认发货的订单，将会被亚马逊自动取消。卖家可以通过修改处理时间来设置该日期。

（2）若不能按承诺及时发货，卖家应主动向买家解释。如何解释？有技巧、有诚意地回应客户，是补救不能及时发货情况的最好方法。①需要安抚客户。带有诚意的道歉，能让客户在情绪上有所安慰，并告诉客户未能及时发货的原因。在解释时，展现真诚的态度，不做无谓的解释。②告知具体可以发货的时间。最好第一时间和客户沟通，告知具体可以发货的时间，使客户知道自己的订单没有被遗忘，让客户根据自主情况选择。如果客户等不了发货时间，可安排退款。

道歉解释邮件可写成：

Dear customer：

Thanks for your order. Usually my company need test it carefully before shipping. Because we need guarantee a better quality and well package for you.

Totally we need to arrange your package within X days. Never worry that, once we shipped, we would update the tracking number for you, and give you the racking website, so you can know your package where it is going on . If you have any problem, leave me message here, we will reply you within 24 hours.

Best wishes,

（店铺名称）After-sales Customer Services.

2. 及时服务

（1）及时回复。据调查，大多数消费者希望商家在最多 3 个小时内优先处理实时通话、在线聊天和网络表单的绝大多数问题，否则就会再次联络。及时回复，能彰显商家的服务能力，这已成为商家的重要能力指标之一。大多数的购物平台，在其产品页面中显示该商家的及时回复率（图5-3）。所以，及时回复率高的商家，可以受到更多消费者的青睐。

图5-3　产品页面体现该商家的及时回复率

（2）及时的后续服务。为了提高客户的购物满意度，在客户下单后，卖家通常可以向买家发出收货信息核对等，目的在于与买家确认下单成功、确认地址无误。货物发出后，再向买家发出一封通知，告知对方货物已寄出，请留意收货。

电子商务服务平台Natvar和YouGov的数据表明，每10个购物者中就有一个在下单后希望看到后续的沟通内容，如其他客户如何使用产品的例子和个性化的推荐等。33%的消费者表示，如果他们在下单后，商家没有提供任何后续服务，如准确的订单跟踪或商品操作指南，他们就不会再次光顾这家商店。[①]所以，及时的后续服务可以使客户获得良好的购物体验。

3. 处理投诉

客户服务的目的是什么？成功的企业家普遍认为，服务的目的是把每一个客户留住，努力创造忠诚的客户和口碑效应，即服务就是营销。超越客户的期望以提高忠诚度，是服务营销的核心方法。通过正确处理客户投诉同样可以提升忠诚度，培养忠诚的客户。据调查，最容易引起投诉的两件事是：卖家未按约定时间发货和产品本身问题。

如果卖家未在承诺时间内发货，即发货时间延后了，就会造成客户对卖家的投诉。一旦客户对卖家发起违背发货时间承诺的投诉，客服人员要第一时间联系客户，协商解决，给客户满意的解决方案，避免产生纠纷。如果要避免这类投诉的发生，卖家就应该根据实际情况设定相对应的发货时间；如果有特殊的情况，卖家就需要在产品页

---

① （https://www.cifnews.com/article/32596）

面以及店铺的相关页面中进行明示，并在客户咨询或下单后，由客服人员主动联系客户进行说明，以免在后期交易中因为未按时发货，而导致客户发起投诉。

当发生关于产品本身问题的售后服务问题时，客服人员需要及时与客户沟通，确定问题源自产品的质量，还是使用方法的失误，抑或是客户在使用过程中出现了问题，确定原因，进而判断责任方，并给客户具体的解决方案。

《哈佛商业评论》的一项研究报告指出，1个满意的客户会带来8个潜在的生意，其中至少有1笔成交；1个不满意的客户会影响25个客户的购买意向。争取1位新客户的成本是保住1位老客户的5倍。因此，通过Click.ie的案例，我们可以明白客户需要及时的发货、及时的服务，重视客户的投诉，提高客户的忠诚度，是企业盈利的核心点。

三、常见英文投诉信函回复模板

1. 因自然灾害、海关检查、节日等引起的物流延误

Dear（买家名称）：

Thank you for purchasing and prompt payment.

Due to this disasters/stricter customs check /festivals，which may cause a delay of the shipment for several days.

Your understanding and patience is much appreciated. We will keep tracking the shipping status，and try our best to solve the problems that caused by this unexpected issue.Please let us know if you have any questions or concerns. Keep in touch.

Thanks.

Sincerely yours，

（店铺名称）After-sales customer services.

2. 已超过约定到货期限但对方未收到货

Dear（买家名称）：

We are sorry for the long-time waiting and we quite understand that waiting is always something hard to endure. Your item had been delivered on（具体发货时间），it got delayed by the（原因）. So the shipment usually would take（具体时间）days more. If the package still not arrive in due，please contact us and we will do our best to solve it and offer you a satisfactory service.

Or if you do not want to wait any more，we are willing to offer a refund to you as our sincere apology.

Please tell us which one you would prefer? We just want you to know that your satisfaction is always our top priority.

Looking forward to your reply.

Sincerely yours,

（店铺名称）After-sales customer services.

3. 买方询问是否已发货、物流跟踪号

Dear（买家名称）：

Thank you for purchasing and prompt payment.

Your order are delivered on（具体发货时间）.

Your item is on the way to your shipping address，here is the tracking. You could track it on（具体查询网站）.

Normally，you will receive this item within（页面标注的配送时长）business days.

Your understanding and patience is much appreciated. Please let us know if you have any questions or concerns. Keep in touch.

Best regards.

Sincerely yours,

（店铺名称）After-sales customer services.

4. 买家责任的退货退款处理

（1）买家收到货但因商品规格、尺码、型号等不合适想退货退款。

Dear（买家名称）：

We really appreciate your great support on us.

But it's very regret for the inconvenience that the（商品名称）did not fit you.

Will it be possible to send you others as a gift? Or how about make you a（具体金额）refund as a way to make up for this?

If you insist on returning it back，we can go to a further step. Please tell us which way you would prefer? We just want you to know that your satisfaction is always our top priority.

Looking forward to your reply!

Sincerely yours,

（店铺名称）After-sales customer services.

（2）买家无理由退货退款，卖家同意后并告知注意事项。

Dear（买家名称）：

Your return request has been approved. You will receive a return shipping label and RMA instructions via（Amazon）. Please make sure the item returned is whole new or a（百分比）restocking fee may be deducted if the（商品名称）is used or damaged visually.

We appreciate your cooperation.

Best regards.

Sincerely yours,

（店铺名称）After-sales Customer Services.

5. 卖家责任的退货退款处理

（1）因卖家的原因（卖家发错颜色、商品或是商品有缺陷等）引起的投诉。

Dear（买家名称）:

We are so sorry about that. This is your order:（商品名称）.Could you please send us the pictures of the label on the package and item's problem? And we will solve it for you as soon as possible. Don't worry. Please let us know if you have any other questions or concerns. We just want you to know that your satisfaction is always our top priority.

Best regards!

Sincerely yours,

（店铺名称）After-sales customer services.

（2）若买家发来图片后，证实为卖家责任，引导退款。

Dear（买家名称）:

We're so sorry for the unsatisfied purchase and we're willing to solve the problem.

As a honest seller, we are not willing to let our dear valued customer suffer any losses. We are willing to offer a（具体金额）refund to you as our sincere apology, is that ok for you? We just want you to know that your satisfaction is always our top priority.

Or if you have any other ideas, please let us know.

Looking forward to hearing from you soon.

Once again, we send our sincere apology.

Have a nice day!

Sincerely yours,

（店铺名称）After-sales customer services.

案例 5-4　基于 UNIBARNS TRADING INC 的跨境电子商务售后问题分析

许昌龙祁美发饰品有限公司成立于 2011 年，注册资金为 100 万元人民币，公司位于河南省许昌市魏都区，主要从事假发产品的设计、市场研究及销售等业务。公司依托许昌市便利的交通条件以及作为全球最大假发生产基地的独特优势，同时结合线上、线下各种销售方式，在假发产品的电商营销领域占据一定的领先地位。

假发产品的跨境电子商务呈现出连续性、爆发性的增长，在公司的整个业务格局中逐渐占据重要地位。同时，公司的营收也达到了一定的规模，必须通过对公司业务格局和发展方式进行深层次、高规格的规划和改革，来实现进一步的发展。除此之外，也为了解决公司在售后方面出现的问题，该公司采取了一系列的措施。

基于以上基本情况，该公司于 2014 年，着手建立海外分公司，积极开拓非洲和拉丁美洲等新兴市场。UNIBARNS TRADING INC 是许昌龙祁美发饰品有限公司于 2014 年 6 月 20 日在美国成立的独资子公司。预计投资总额为 50 万美元，计划根据实际经营情况 5 年内完成全部投资总额。通过设立 UNIBARNS TRADING INC 海外分公司，该公司在短时间内迅速发展。

该公司也同时通过设立海外仓来解决售后问题（图 5-4）。海外仓一方面能够实施跨境电子商务的本土化，使得物流速度更快、快递更及时，同时订单商品的安全性更

Work with Unibarns and get your overseas warhouse.

Personalized service

Based on the customer's requirements,We make every effort to meet the individual needs of customers. Product taking pictures, sorting, packaging, unpacking inspection, paste the bar code, act on behalf of the delivery. All kinds of personalized service, Unibarns can provide!

Returns processing

We would help you receive the returns. Archive classification and would help you take the photos. At the same time, we would send you records for every return.

Priority Shipping

Best service and minimum rates, ship with UPS®, USPS®. Choosing us is the better way to make your goods shipped in a fast and effective way.

FBA Forwarding services

We cover the technical considerations of fulfilling orders on your own and using Fulfillment by Amazon, so you can plan a fulfillment strategy that is best for your business. At the same time, we could help you do the collection of FBA returns.

图 5-4　海外仓

（资料来源：湖北楚马教育咨询有限公司）

有保证，有效降低丢件、破件的概率，减少售后的频率，增强企业形象；另一方面也会促进售后服务更加完善——售后方式将会更加多元。比如，在电子邮件、电话、即时通信软件等传统方式上，可以通过 SNS 等方式加强跟客户的互动；而本土化的售后服务也必将大幅改善电子商务客户的购物体验，促进平台上客户的重复购买，提高客户的忠实度。

启发性思考题

1. 客户服务沟通原则有哪些？
2. 在进行本土化客户服务时，需要注意些什么？

 案例指引嵌入知识

海外仓：跨境电子商务出口卖家为提升订单交付能力而在国外接近买家的地区设立的仓储物流节点，通常具有境外货物储存、流通加工、本地配送以及售后服务等功能。

 案例指引

UNIBARNS TRADING INC 之所以能在如此短的时间内迅速发展，与其优良的售后服务是分不开的。但是，在 UNIBARNS TRADING INC 的发展过程中，售后方面其实也曾经出现过大大小小的问题。该公司在售后方面做出了极大的努力，采取各种方法解决售后问题，并使得自己的售后服务得到了消费者的认可，因此促进了公司业务的发展。接下来，我们将对这些售后问题以及采取的解决措施进行分析。

首先，在运输中出现个别商品可能会破损甚至丢包的情况，除此之外，还有退换货业务，这些都会给售后带来很大的不便并引发各种问题。

针对这些问题，UNIBARNS TRADING INC 通过设置海外仓和分公司的方式来加以解决。UNIBARNS TRADING INC 海外仓是采用传统的物流方式将商品提前运输至海外仓中，货物售出后直接配送至消费者手中，避免了头程运输中可能出现的包裹破损、货物丢失等风险。由于货物储存在海外仓中，能够避免两国之间可能出现的贸易壁垒，有助于部分商品的运输及销售。海外仓直接解决了那些商品在运输过程中可能出现的问题，从源头上解决了在未来可能出现的因商品出现破损甚至丢包的情况而产生的售后问题。由于分公司在消费者本地,退换货问题可以得到及时解决。以 UNIBARNS TRADING INC 公司为例,在设立海外分公司之前,发生退换货问题,一般有两种选择:①由客户退回到中国的卖家,产生的物流费用更高——因为客户不像卖家可以拿到商业快递的折扣。②直接给客户高额的退款,让客户取消退货,从而避免高昂的物流成本。UNIBARNS TRADING INC 公司成立后,平均每月退换货至少 500 件,有些产品可以再转而卖给其他客户,有些产品返厂维修后再卖出,此做法每月节省 7000 美元左右。更为重要的是,售后服务质量的提升,对品牌形象的树立和销量的提升有着非常大的作用。

其次,售后服务是消费者购物时关注的一个重点。对跨境电子商务网站来说,如何保持和提高访客和消费者的参与度一直是个棘手的问题。由于竞争对手一直在争夺消费者的注意力,对任何营销人员来说,让访客对己方的产品和服务持续保持兴趣都是一项艰巨的任务。所以,UNIBARNS TRADING INC 公司特地推出了一项个性化定制服务,即按照不同消费者的偏好对不同消费者提供不同的售后服务(图 5-5)。该公司也在其网站上写道:"根据客户的要求,我们尽力满足客户的个性化需求。UNIBARNS TRADING INC 可以提供各种个性化的服务,就像您想象的那样!"

图 5-5　UNIBARNS TRADING INC 公司推出个性化定制服务

最后,就是 UNIBARNS TRADING INC 公司的终身保修服务。对于电子商务品牌来说,一个良好的品牌形象对于其发展是至关重要的。而在售后方面就直观地体现为售后保障服务。UNIBARNS TRADING INC 公司为客户提供终身保修服务来保证产品质量,这是一个较为聪明的举动。许多人对跨境网购保持怀疑就是因为人们无法亲身触摸或感觉某款产品，也无法衡量它的质量，因而很难评估该产品是否物有所值。通过这个做法，该公司也在暗示其对自己的产品质量非常有信心。终身保修服务相当于给客户吃下了一颗"定心丸"，就算产品出现问题，他们也可以随时提交保修申请。

案例启示

跨境电子商务卖家可以从 UNIBARNS TRADING INC 公司学习到哪些售后服务经验呢？

1. 完善售后服务项目

通过设置海外仓和分公司的方式可以解决很多电子商务平台售后服务不够全面的问题。例如，天猫等电子商务平台无安装、维修的服务说明，苏宁易购、1号店等电子商务平台在退换货的处理时效上未做公开承诺等。建议各电子商务平台能陆续完善相关方面的服务项目，并将其列于消费者容易查找的醒目位置，降低消费者的购买疑虑，获取消费者的信任，从而提高销售量。

2. 适当推出个性化特色服务

UNIBARNS TRADING INC 公司已经根据自身情况设置了较为不错的特色服务。随着各电子商务平台服务意识的不断增强，建议电子商务卖家不断开发新的特色售后服务，而这些服务不应该只是宣传的噱头，更应切实可行，如此才可获得消费者的信赖与肯定，最终吸引消费者的购买。

3. 提高售后服务质量

由于一些电子商务卖家的服务质量明显低于行业内平均水平，而随着行业竞争加剧，行业内电子商务卖家的服务质量会逐步提高，这就对各家电子商务卖家都提出了更高的要求，而原本服务质量低的电子商务卖家更应该下大力度提高质量，如 UNIBARNS TRADING INC 公司提供的终身保修服务。

UNIBARNS TRADING INC 在解决跨境电子商务的售后问题上，为我们提供了行动的模板，它的方法值得每一个电子商务企业借鉴学习。

总而言之，跨境电子商务客户服务作为与客户直接对接的岗位，是跨境电子商务的一个重要组成部分，在塑造形象，提高成交率、客户回头率等方面起着举足轻重的作用。因此，突出客户服务的重要性、提高客服人员服务的水平和质量至关重要。

案例练习1

当前的电子商务行业，为了吸引消费者刺激消费，会经常借助各种节日进行推广、促销，甚至还会通过"造节"的方式来满足目的，所以"双十一""黑五"等网络购物节应运而生，而这些节日中，跨境物流往往会超负荷运转，包裹数量暴增，是平时的几倍甚至几十倍，对物流的承载力是一个巨大的挑战，这也是旺季物流频出问题的关键。旺季对跨境物流服务的要求更为严苛。

首先，在大促节日中，客户对物流的时效性追求更高，不要说物流延迟一天两天，哪怕晚半个小时，都能引起客户的不满，甚至给客户带来损失。其次，包裹投递的精确度。面对暴增的包裹量，出现送错货的概率也会比平日里高得多，但旺季送错货的后续处理非常麻烦，代价高昂，所以这也是一个严峻的考验。最后，就是逆向物流。对于跨境电子商务卖家来说，有出单可能就会有退货，旺季单量暴增，退货也会随之增长，同时也不外乎有"恶意退单"的现象存在。所以，退货物品的安排，对于跨境物流也是非常重要的一点。

对于退货，许多跨境电子商务卖家习以为常，但跨境物流不同于国内物流，退货流程麻烦甚至还要承担高额的费用，所以很多跨境电子商务卖家通常会选择把申请退货的产品直接送给消费者。因此就有消费者，利用这个"退回流程"，预订很多产品，收到之后再把不想要的、重复订的产品申请退货。这不仅令跨境电子商务卖家感到头疼，也令很多物流商感到棘手。很多物流供应商、服务商，本身没有这些资源，没有能力去处理退货。

（资料来源：https://www.cifnews.com/article/27851）

思考：

物流服务作为售后服务的内容之一，跨境电子商务企业物流服务能力对客户价值有何影响？应如何提高物流服务能力？

案例练习2

床品对于美国人来说是生命周期较短的抛弃型消耗品，复购率高，因此催生了可观的进口市场。而作为家纺出口大国的中国，无疑是最主要的货源提供者之一。

然而，同一个地球，同一个梦想，睡的却不是同一张床——在床品的结构、品类和尺寸上，美国人和我们习惯不同，所以选品切忌想当然。常有留美学生抱怨在当地买到的"被子"质地粗糙不保暖,或者床品套装里有好多"不知道往哪儿铺的布"——这其实正是床品文化差异的体现。反过来,作为出海家纺卖家,如果连上述基础知识都没有掌握,那么就该轮到你的美国客户抱怨了。

牢牢掌握结构、品类和尺寸方面的基础知识,只能保证你不卖"错",然而想要卖得"对",对于床品这种高复购率商品来说,具有一些时尚感是必需的,因此要了解美国人的卧室流行什么风格。

(资料来源:https://www.cifnews.com/article/40541)

思考:

文化差异对跨境电子商务客服工作有何影响以及有哪些对策?

[1] 阿里巴巴商学院.网店客服[M].2版.北京:电子工业出版社,2016:66–140.

[2] 陈少妮.论客服在电商平台的应用策略研究[EB/OL].[2018-08-14].https://www.fx361.com/page/2018/0814/4033804.shtml.

[3] 井然哲.跨境电商运营与案例[M].北京:电子工业出版社,2016:74–95.

[4] 中国国际贸易学会商务专业考试培训办公室.跨境电商操作实务[M].北京:中国商务出版社,2015:28–44.

[5] 张帆.跨境电商一路通:文化差异下的客户服务[M].杭州:浙江工商大学出版社,2018:1–49.

教师服务

感谢您选用清华大学出版社的教材！为了更好地服务教学，我们为授课教师提供本书的教学辅助资源，以及本学科重点教材信息。请您扫码获取。

▶▶ 教辅获取

本书教辅资源，授课教师扫码获取

▶▶ 样书赠送

电子商务类重点教材，教师扫码获取样书

 清华大学出版社

E-mail: tupfuwu@163.com
电话：010-83470332 / 83470142
地址：北京市海淀区双清路学研大厦 B 座 509

网址：https://www.tup.com.cn/
传真：8610-83470107
邮编：100084